Samson Raphael Hirsch, Seligman Baer Bamberger

Die offene Antwort Sr. Ehrwürden des Herrn Distrikts-Rabbiners

S.B. Bamberger zu Würzburg

auf seinen an denselben gerichteten offenen Brief

Samson Raphael Hirsch, Seligman Baer Bamberger

Die offene Antwort Sr. Ehrwürden des Herrn Distrikts-Rabbiners S.B. Bamberger zu Würzburg
auf seinen an denselben gerichteten offenen Brief

ISBN/EAN: 9783743439498

Hergestellt in Europa, USA, Kanada, Australien, Japan

Cover: Foto ©Lupo / pixelio.de

Manufactured and distributed by brebook publishing software (www.brebook.com)

Samson Raphael Hirsch, Seligman Baer Bamberger

Die offene Antwort Sr. Ehrwürden des Herrn Distrikts-Rabbiners

S.B. Bamberger zu Würzburg

Die offene Antwort

S. Ehrwürden des Herrn Distrikts-Rabbiners

S. B. Bamberger

zu Würzburg,

auf seinen an denselben gerichteten offenen Brief,

gewürdigt von

Samson Raphael Hirsch,

Rabbiner der Israelitischen Religionsgesellschaft

zu Frankfurt a. M.

קושטא קאי
שקרא לא קאי.

Frankfurt am Main.
Verlag von J. Kauffmann.
1877.

Frankfurt a. M., 13. Mai 1877.

Sr. Ehrwürden

Herrn Distrikts-Rabbiner S. B. Bamberger

in

Würzburg.

Ew. Ehrwürden!

Die offene Antwort, die Sie zur Erwiederung meines offenen Briefes an mich zu richten so freundlich waren, schließt mit dem Wunsch, „ich möchte den Gegenstand — unbeschadet meiner Competenz zur weiteren Behandlung desselben innerhalb meiner Synagoge und Gemeinde — der Presse gegenüber als erledigt betrachten."

Für die gütige Herablassung, mit welcher Sie mir die Befugniß zur weiteren Verhandlung des Gegenstandes im Kreise meiner Synagoge und Gemeinde nicht schmälern zu wollen erklären — eine Befugniß, für welche weder ich, noch schwerlich irgend ein Rabbiner in der Welt sich erst das Placet von Ew. Ehrwürden einholen zu müssen in der Lage sein dürfte — danke ich gebührend.

Der Wunsch aber, daß ich mich der weiteren öffentlichen Behandlung des Gegenstandes enthalten, und denselben der Presse gegenüber durch Ihre offene Antwort als erledigt betrachten möge, ist in der That das einzige vernünftige, verständnißvolle Wort, das Sie in Ihrer offenen Antwort gesprochen. Es beweist, daß Ihnen denn doch zum Schlusse eine Ahnung von der völligen Nichtigkeit alles Dessen, was Sie bis dahin geschrieben hatten, aufgedämmert sei, die es Ihnen nicht eben als erwünscht erscheinen ließ, daß diese Nichtigkeit in ihrer, dem maßlosen Größenwahn gegenüber, der Ihrer offenen Antwort von Anfang bis zu Ende die Feder geführt, doppelt bemitleidenswerthen Blöße, vor dem vollen Forum der Oeffentlichkeit dargethan werde.

Ist doch in der That Ihrer offenen Antwort so sehr der Stempel eines maßlosen Größendünkels aufgedrückt, und verräth dabei Alles, was darin zur Aufrechthaltung Ihres Spruches für den Nichtaustritt aus der hiesigen Reform-Gemeinde vorgebracht wird und womit angeblich mein offener Brief widerlegt sein soll, eine solche unbegreifliche Befangenheit, eine solche unbegreifliche Verkennung, theilweise Verleugnung aller thatsächlichen Wahrheit der zu beurtheilenden Verhältnisse, eine solche unbegreifliche Verkennung der thatsächlichen Wahrheit der in ש״ע und פוסקים vor Aller Augen niedergelegten Normen, nach welchen ein מורה הוראה בישראל sie zu beurtheilen hat, ein so unbegreifliches Mißverständniß der allegirten Stellen, ein so leichtfertiges Abmachen einer der heiligsten, die Weiterentwickelung des gesetzestreuen Judenthums in ihrem vitalsten Lebensnerv berührenden Frage mit einem Paar hohlen durch nichts gerechtfertigten Phrasen; spricht doch Alles, was darin vermeintlich g e g e n meinen offenen Brief vorgebracht wird, sich selber schlagend, f ü r denselben und beweist dessen durch und durch zu Recht und Wahrheit bestehende Geltung: daß. in der That, hätte ich nicht auf dem Couvert, das mir Ihre Antwort brachte, Ihre Hand und Ihr Siegel erkannt, ich in derselben nimmer Ihr Werk erblickt, vielmehr geglaubt hätte, ein Paar wohlmeinende aber übelberathene Jünger Ihrer Jeschiba hätten damit geglaubt für ihren verehrten Meister in die Arena treten zu müssen und zu solchem Zwecke Ihren Namen mißbrauchen zu dürfen. So sehr läßt dieselbe, wie ja leider Ihr ganzes Vorgehen seit jenem unglückseligen Augenblick Ihrer Anwesenheit in Frankfurt, den Herrn Distriktsrabbiner B a m b e r g e r völlig vermissen, wie wir und die ganze jüdische Welt ihn bis dahin gekannt.

Da dies aber leider nun einmal so ist, da ich in der mir zugekommenen offenen Antwort unzweifelhaft I h r e Antwort vor mir habe, so kann, so darf ich nicht Ihren Wunsch erfüllen, kann, darf und werde nicht mit dieser Ihrer Antwort der vollsten Oeffentlichkeit gegenüber eine Angelegenheit als erledigt betrachten lassen, die nach meiner tiefsten Ueberzeugung, und in nicht geringem Grade noch eben durch Ihre Antwort, in einem Ihrer Voraussetzung entgegengesetzten Sinne erledigt ist, darf vor Gott, vor meinem Gewissen, vor der ganzen jüdischen Welt, deren heiligstes Interesse sie berührt, eine Frage nicht als eine offene unentschiedene Frage stehen lassen, die längst v o r meiner Entscheidung eine völlig in meinem Sinne entschiedene war, und die nun durch den Schein Ihres Namens den Anschein einer noch unentschiedenen erhalten soll. Was meine schwachen Kräfte vermögen, werde ich — so lange Gott Leben, Kraft und Bewußtsein läßt — jetzt und immer das Meinige thun, daß über Das, was hier jüdische Wahrheit und jüdische Gesinnungs- und Lebens-Wahrhaftigkeit heischt, kein Gemüther verwirrender, durch Nichts berechtigter Zweifel bestehen bleibe.

Daß ich Ihren Wunsch nicht erfüllt habe, nicht erfüllen konnte, davon haben Sie den Beweis mit dieser „Würdigung Ihrer offenen Antwort" in Händen. Eines schmerzt mich tief. Ich habe in allen meinen der Oeffentlichkeit übergebenen schriftlichen Worten bis jetzt Alles ängstlich vermieden, was auch nur scheinen könnte einer Persönlichkeit zu nahe zu treten. Ich hatte es immer nur mit der Sache, nie mit der Person zu thun. Daß mir dies bei der Würdigung Ihrer Antwort nicht ganz möglich ist, das haben Sie selber verschuldet, indem Sie gerade Ihre Persönlichkeit, Ihre unverblümt, und nur in großer Bescheidenheit durch eine algebraische Ziffer angedeutet, in Anspruch genommene persönliche „Größen"-Anerkennung, mit großem Nachdruck in die Waagschale der Beurtheilung zu werfen nicht Anstand genommen haben, um sich damit zu legitimiren, daß Ihnen ein Verfahren gestattet gewesen wäre, das einem Andern, nicht zu Ihrer „Größe" Hinaufreichenden unstatthaft gewesen sein würde.

Um so mehr ist mir von vornherein die Erklärung ein Herzensbedürfniß, daß ich in dieser meiner Würdigung Ihrer Antwort es lediglich mit dem Herrn Distriktsrabbiner Bamberger zu thun habe, wie derselbe sich in dieser Antwort und in dem ganzen Verfahren seit dem Monat März dokumentirt. Dieser Herr Distriktsrabbiner Bamberger ist aber von dem vormärzlichen Herrn Distriktsrabbiner Bamberger, dem Jeder gerne die hochachtende Anerkennung seiner gründlichen jüdischen Gelehrsamkeit, seiner ernsten, ängstlich gewissenhaften Religiosität, seiner der humanen Wohlthätigkeit und der Pflege der jüdisch religiösen Jugendbildung zugewandten Bestrebungen entgegen zu bringen gewohnt war, in allen Beziehungen so grundverschieden, daß man wahrlich versucht sein könnte an ein erneutes Salomo-Asmodai-Wunder zu glauben. Der Vormärzliche geht, seines Rabbinatssessels verlustig, unerkannt und verkannt in den Gassen der Judenheit und klagt, daß er Der nicht mehr ist, der er war, und daß er durch einen Falsifikator, der seinen Sitz und Namen usurpirt hat, vor aller Welt sich compromittirt sieht —

Gleich S. 3. enthält der Satz, mit welchem Sie so — artig sind den Feldzug gegen meinen offenen Brief zu eröffnen, eine gedankenlose Bêtise, die sich der gewissenhaft überlegende Vormärzliche sicherlich nicht hätte zu Schulden kommen lassen. Sie sagen darin, Sie hätten das Meiste, das Sie gegen mich vorzubringen gehabt hätten, zurückgehalten, um nicht das Verbot zu übertreten „Jemanden öffentlich zu beschämen, מלבין פני חבירו ברבים zu sein," das „in seiner ganzen Inhaltsschwere, in seiner erschütternden Bedeutsamkeit an Sie herangetreten" wäre, und sehen nicht, daß Sie diese Versündigung in dem möglichsten Ausmaß ihrer „erschütternden Bedeutsamkeit" eben in dem Augenblick begehen, in dem Sie öffentlich aussprechen sich vor ihr schützen zu wollen. Wer mich öffentlich einen Dieb, einen Mörder, oder in der Gelehrten=Republik einen Ignoranten, einen Idioten nennt, hat mich gewiß in hohem Grade beschimpft. Aber der Schimpf hat seine bestimmten Grenzen, geht über das gesprochene Wort nicht hinaus. Allein wer mir öffentlich sagt, er könnte gar Vieles gegen mich vorbringen, wenn er nicht fürchtete die Sünde der öffentlichen Beschämung in der ganzen Schwere ihrer erschütternden Bedeutsamkeit zu begehen, Herr, der hat die denkbar höchste öffentliche Beschimpfung gegen mich verübt. Denn er hat den Vorstellungen des Publikums den ganz unbegrenzten Spielraum aller möglichen Ungeheuerlichkeiten offen gelassen, die, meine Ehre vernichtend, auf mir lasten könnten. Das ist so klar und einleuchtend, daß jeder Schulknabe sich das als selbstverständlich sagen muß. Wer aber einen איסור sich im höchsten Ausmaaß in demselben Augenblick erlaubt, in welchem er sich seine schwere Bedeut= samkeit noch mit gelehrter Herbeiziehung der Quellen aus אבות, בבא מציעא, רמב״ם vergegenwärtigt, wer so leichtfertig und gedankenlos sich מורה היתר ist, sich, ge= gen den er doch als ת״ח vielmehr להחמיר לעצמו וסקיל לאחרים sein sollte, der zeigt eben damit, daß er gegenwärtig gar nicht in der Fassung ist, überhaupt eine הוראה zu vollziehen, und giebt in würdigster Weise diese פתיחה ein Allen ver= ständliches Vorspiel von der gedankenlosen Leichtfertigkeit, die alles Folgende charakterisirt.

S. 4—6, ad 1. der von Ihnen sogenannten „logischen" Ordnung schildern Sie die große Versündigung, die ich gegen alle die innerhalb und außerhalb Frankfurts Nichtaustretenden begangen, indem ich die Schwere der Verantwor= tung eines solchen Nichtaustritts mit der ganzen Schärfe meiner Ueberzeugung gezeichnet, deren ich somit alle Diejenigen beschuldigt, die diese meine Ueberzeu= gung nicht theilen, — verherrlichen die hier Nichtaustretenden mit einem Glo= rienschein des למדנות und צדקות, — und ertheilen mir eine väterliche Mahnung wie ich solchen Herren gegenüber mich hätte benehmen müssen, wie ich nament= lich über die Frage des Austritts oder Nichtaustritts an ein Schiedsgericht dreier Rabbinen appelliren, oder Gutachten rabbinischer Autoritäten hätte einho= len sollen, wie dies „der rabbinische Geschäftsgang seit den Zeiten der גאונים ist, und welcher ja auch die ganze Literatur der שאלות ותשובות bildet".

Herr, wenn der mit der Wahrung des Religionsgesetzes für die Erkennt= niß und Erfüllung in seiner Gemeinde betraute Mann ein von ihm wahrge= nommenes Unrecht nicht mit der ganzen Wärme und Schärfe seiner aus den ihm zur Wahrung anvertrauten Gesetzesquellen geschöpften Ueberzeugung soll kennzeichnen und klarmachen dürfen, weil dadurch Diejenigen sich betroffen fühlen könnten, die sich der Begehung dieses Unrechts bewußt sind, dann hört alle Lehre in Israel auf, dann hat der Rabbiner ein Mann Mantel tragender Connivenz und Augendienerei zu sein, die nur die Wahrheit und nur dann die Wahrheit lehrend ausspricht, die und wenn sie nirgend Anstoß giebt und ausnahmlos bereits von Allen erkannt und anerkannt ist, also nur dann, wenn deren Ausspruch im Grunde — überflüssig ist. Nein, Herr, so hat es meine Gemeinde nicht verstanden, als sie mich berief, so versteht es keine Gemeinde, die mit Ernst sich in Gesetzestreue zusammenfindet. שפתי כהן ישמרו דעה ותורה יבקשו מפיו. Wenn die Erkenntniß des Wahren in Gefahr ist getrübt zu werden, dann hat der Priester auf die Wacht der Erkenntniß zu treten, und תורה, die Anforderungen des Gesetzes in der ganzen Schärfe ihrer gegenständlichen Wahrheit will die Gemeinde aus seinem Munde hören, nicht wie sie in rechts oder links sich anschmiegender Abschwächung behagt.

Und wiederhole ich daher nochmals, woran Sie so großen Anstoß nehmen: welcher gesetzestreue Jude, sei es hier oder anderwärts, der, wie die Mitglieder unserer Religionsgesellschaft, alle religiösen Institutionen außerhalb der Reformgemeinde hat, oder in Vereinigung mit Mehreren haben kann, und dem ungeachtet aus der religiösen Gemeinsamkeit mit der Reformgemeinde nicht austritt, der läßt seine Gesetzestreue in zweifelhaftem Lichte erscheinen und bezeugt eine Gleichgiltigkeit gegen die reine Weiterentwickelung und Weitervererbung der jüdischen gesetzestreuen Wahrheit, die unwiderleglich und von einer traurigen fünfzigjährigen Erfahrung bezeugt, durch die Gemeinschaft mit der Reformgemeinde gefährdet ist, gelitten hat und leidet. Ich spreche dies wiederholt aus und fürchte nicht damit einer Entrüstung bei allen wackeren gesetzestreuen Männern zu begegnen, glaube vielmehr ganz aus ihrer Seele zu sprechen, selbst wenn sie in dem Verbande mit der Reformgemeinde ihres Wohnortes verblieben, weil sie nicht ausscheiden können, weil sie sich außerhalb derselben noch nicht die für die Erfüllung ihrer religiösen Pflichten erforderlichen Institutionen zu schaffen im Stande sind. Es giebt für's Erste ja nur noch Wenige, denen, wie es der hiesigen Religionsgesellschaft unter göttlichem Beistande gelungen, es möglich ist sich die nothwendigen Institutionen außerhalb des Zusammenhanges mit der Reformgemeinde zu schaffen. Alle diese seufzen unter dem Zwange dieser Nothwendigkeit des Nochverbleibens im Verbande mit einer ihren heiligsten Ueberzeugungen widersprechenden Vereinigung, und zürnen wahrlich Dem nicht, der für die Lösung dieses Verbandes als das von Allen, die es ehrlich meinen mit der Weiterentwickelung und Weitervererbung der jüdischen Gesetzestreue und Wahrheit, anzustrebende Ziel, mit der Wärme der Ueberzeugung einzutreten wagt.

Was aber den Nimbus des לבדית und קדש betrifft, mit dem Sie die dem Austritt opponirenden und für den Nichtaustritt in meiner Gemeinde agitirenden

Herren zu schmücken so freundlich sind, so lasse ich den für alle anderen Beziehungen
völlig auf sich beruhen und möchte kein Blättchen von dem von Ihnen den
Herren verliehenen jüdischen Lorbeer pflücken, נביאים ה' עם כל יחן כל מי! Ich habe
es nur mit dem sich in dieser Frage bewährenden למדנות und צדקות zu thun.
Da möchte ich mir denn doch eine Bemerkung erlauben, und wenn ich da nothge=
drungen wieder von Persönlichkeiten sprechen, muß, so haben Sie ja ganz allein
dies verschuldet, indem Sie in höchst unnöthiger Weise eben die Persönlichkeit
dieser Herren als ein mich belasten sollendes Moment in die Discussion mit
hineingezogen haben. Dem gegenüber muß ich bemerken. Die angeblichen Zuge=
ständnisse, die nach Ihrem Spruche das, was ohne sie völlig אסור wäre, ebenso
entschieden in היתר umwandelt haben sollen, diese Zugeständnisse sind ja erst
ganz jüngsten Datums; die Opposition dieser Herren datirt aber von dem er=
sten Moment, da durch mich und den Vorstand unserer Gemeinde der Austritt
auf Grund des Gesetzes vom 28. Juli zur Wahrheit gebracht wurde. Da frage
ich denn laut, so laut als möglich: wo war das למדנות und צדקות dieser Herren
in der ganzen den Zugeständnissen vorangegangenen Zeit, da noch der Nicht=
austritt entschieden durch Ihre beiden Gutachten als איסור dastand, ja durch
die Gutachten von nahezu 400 Rabbinen, Sie mitbegriffen, in entschiedenster
Weise als איסור גמור verurtheilt war, Gutachten, die den opponirenden und
agitirenden Herren zum Bewußtsein zu bringen, wir keineswegs unterlassen
hatten. So lange unser gemeinsames Urtheil ihren Bestrebungen entgegenstand,
galt meine Autorität nichts, galt Ihre Autorität, Herr Rabbiner, nichts und
galt auch die vereinigte Autorität von 400 Rabbinen nichts. Erst von dem
unglückseligen Moment an, in welchem Sie in Widerspruch mit Ihren beiden
Gutachten, ihrer Opposition eine Folie liehen, erst da wurden Sie ihr Mann,
galten Sie ihnen als Autorität. Ich sage: mit Ihren beiden Gutachten;
denn um nicht in unliebsamer Weise nochmals auf das Verfahren dieser Oppo=
sition zurückkommen zu müssen, sehe ich, muß ich schon hier Etwas verrathen,
was ich Ihnen erst zu S. 25, 1. Ihrer offenen Antwort schwarz auf weiß dar=
zuthun gedenke, wo Sie nämlich Ihren auf Grund der Zugeständnisse gegen
den Austritt abgegebenen Spruch Ihrem „den Austritt als strenge gebo=
ten" erklärenden an den Herrn Rabbiner Spitzer in Wien gerichteten Gutach=
ten gegenüber, kurzer Hand dadurch gerechtfertigt erklären, daß „die Verhältnisse
in Wien, worüber Herr Rabbiner Spitzer ein Gutachten verlangte, s. Z.
dieselben, wenn nicht noch schlimmer waren, als jene zu Frankfurt es
s. Z. waren", als Sie sich in Ihrem ersten hiesigen Gutachten für den Austritt
erklärten. Ich werde Ihnen und Allen, die sich für diese Angelegenheit interes=
siren, auf die authentischste Art nachweisen, daß diese Ihre Rechtfertigung

enthalten sollende Angabe im vollen Widerspruch mit der Wahrheit, mit der thatsächlichen Wirklichkeit der Wiener Verhältnisse steht. Die Wahrheit ist das gerade Gegentheil. In Wien waren nicht nur die Verhältnisse nicht schlimmer, sie waren nicht einmal dieselben, der dortige Abfall von der jüdischen Wahrheit, war um Himmels-Weiten von dem Abfall der hiesigen Reform entfernt. Zur Zeit der eingeholten Gutachten standen in Wien מקוה, שחיטה wie überhaupt alle איסור והיתר-Institutionen und Angelegenheiten unter der Autorität des Herrn Rabbiner Spitzer, der ausdrücklich von der Gemeinde für diese הוראת איסור והיתר angestellt war. Alle die Institutionen, die hier erst nach den sogenannten Zugeständnissen mit Ach und und Weh geschaffen werden sollen, und auf deren Zusage Sie den Austritt als nicht mehr geboten erklären, alle diese Institutionen waren in Wien in voller Gesetzlichkeit vorhanden, kein Mensch dachte daran auch nur im Geringsten an ihnen zu rütteln, **lediglich** die beschlossene Reform der **Liturgie** durch Ausschluß der auf ביאת הגואל und עבודה במקדש bezüglichen Stellen hatten die verlangten und abgegebenen Gutachten zum Gegenstande, und schon diese einzige liturgische Abweichung genügte, daß von Ihnen, Herr Rabbiner, zusammen mit noch fast 400 Rabbinen das dort Geschehene als „Abfall", als „Apostasie" erklärt wurde, nach welcher der gesetzestreue Jude nicht mehr mit den solcher Apostasie schuldig Gewordenen in einem religiösen Gemeindeverbande bleiben dürfe und könne.

Durch diese einzige nicht weg zu deutende Thatsache ist eigentlich bereits die ganze Frage durch Sie und noch etwa 400 Rabbinen **gegen Sie** entschieden und jeder Discussion für die Praxis entrückt, ist der Nichtaustritt aus der hiesigen Reformgemeinde selbst bei Verwirklichung der Zugeständnisse durch Sie und eine so imposante Autoritäten-Zahl als איסור גמור erklärt.

Daher kann ich nicht umhin, ich frage laut, so laut als möglich: wo war bis zu den Zugeständnissen, und wo ist nach den Zugeständnissen das למדנות und das צדקות?! Das למדנות, das die vermessene Anmaßung hätte, seine ganz vereinzelte דעה vierhundert rabbinischen Autoritäten gegenüber in die Waagschale zu werfen, und zu sprechen: ich bin אליעזר בן הורקנים כולם את מכריע gleich! Das צדקות, das sich in seinem Gewissen vor Gott nicht scheuen würde, das weiter ohne allen Scrupel zu thun, was vierhundert Rabbinen als איסור גמור erklärt haben! Wahrlich, von jedem בן תורה und jedem ירא שמים, und käme ihnen auch nicht der zehnte Theil der Prädikate zu, mit welchen Sie die Häupter Ihrer hiesigen Schützlinge zu schmücken so freundlich waren, hätte man erwarten sollen, daß sie zu allererst mir zur

Seite getreten wären und durch ihren Austritt ihren Brüdern das Beispiel gegeben hätten, was die Pflicht von jedem יהדי heische. Von Ihren Schützlingen geschah aber das gerade Gegentheil, und ich konnte mich nach allem Obigen in keiner Weise veranlaßt sehen, ihrer Opposition auf mein nach meinem Gewissen mir vorgeschriebenes Vorgehen einen bestimmenden Einfluß einzuräumen.

Wie wahrlich — kinderhaft aber Ihre großväterliche Mahnung ist, wie ich ein Schiedsgericht von Dreien befragen, oder Gutachten von Rabbinen hätte einholen sollen 2c, ist nach allem Obigen in die Augen springend. So lange Juden Juden sind, war es nie eine Frage, daß man mit מינים und אפיקורסים keine religiöse Gemeinschaft haben dürfe, war überdies für einen dem unsern speziellen ganz analogen Fall noch aus allerneuester Zeit bereits durch Gutachten von vierhundert Rabbinen in gleichem Sinne entschieden, und da hätte ich eine längst entschiedene Frage noch dazu von so capitaler Bedeutung, noch erst zum Gegenstand eines Schiedsgerichtes machen sollen, machen dürfen, hätte noch Gutachten von einigen Rabbinen einholen sollen, wo man bereits vorliegende Gutachten von vierhundert Rabbinen wie — nichtvorhanden behandelte!!!

Ad II S. 7—11 Ihrer offenen Antwort wollen Sie sich von dem Vorwurf reinigen gegen den Kanon חכם שאסר אין חבירו רשאי להתיר gesündigt zu haben, ohne auch nur den Versuch gemacht zu haben, dem חכם שאסר einen טעות בדבר משנה — (oder בדברי הפוסקים! schalten Sie wiederholt mit Ausrufungszeichen und gelehrtem Nachweis ein, als ob nicht jeder בר בי רב דחד יומא weiß, daß in diesen ענינים unter טעות בדבר משנה jeder irrthümliche Verstoß gegen eine völlig entschiedene gesetzliche Bestimmung verstanden, und doch von ראשונים und אחרונים lediglich mit diesem aus ש"ס überkommenen technischen Ausdruck bezeichnet wird. Ihr schulmeisterliches Monitum ist daher ein lächerlicher Ueberfluß, und werde ich trotz Ihres Monitums fortfahren nur von טעות בדבר משנה zu sprechen, ohne zu befürchten mißverstanden zu werden) — also ohne auch nur den Versuch gemacht zu haben, dem חכם שאסר einen טעות בדבר משנה oder בשקול הדעת nachzuweisen. Zur Entkräftung dieses Vorwurfs weisen Sie darauf hin: daß ש"ך in seinem קיצור הנהגת הוראה אי"ה zu י"ד רמ"ב im א' סעיף zwei Ansichten nebeneinander stellt: "א שאפי' השני גדול בבני בהכמה ובבנין אינו יכול להתיר ויש מתירים בגדול מבנו, daß aber nach dem bekannten Kanon bei solchen nebeneinander stehenden divergirenden Meinungen bei איסור דרבנן לקולא zu entscheiden, der Satz שאסר הכם וכו' aber nur דרבנן sei, es daher Ihnen, als dem anerkanntermaßen בבני בבני, der anerkanntermaßen mir überlegenen Größe zugestanden habe, das ohne Weiteres מתיר zu sein, was ich, der anerkanntermaßen winzigere חכם für אסור erklärt hatte. Dies die Quintessenz Ihrer mit vielem Umschweif gegebenen Auseinandersetzung;

daß nach ש״ך ebendas. der Zweite sich der הוראה nur dann zu enthalten hätte, wenn חכם שאמר והלה הוראהו ונתפשטה, was Sie übersetzen: wenn die הוראה des Ersteren „Annahme und Verbreitung" gefunden, nicht aber, wenn sie, wie das bei mir der Fall gewesen, nicht „als richtig erkannt und angenommen" worden, vielmehr „mit ihrer Entstehung auf Widerspruch gestoßen" wäre;

daß demnach endlich der von mir hervorgehobene Punkt מרא דאתרא nicht den mindesten Halt habe, überhaupt dieser Umstand durchaus nicht als רב, sondern blos als לאו אורח ארעא, als „nicht üblich" bezeichnet werde.

Was nun zuerst Ihren גדול, Ihren Größen=Charakter betrifft, den Sie mit so anerkennenswerther — Bescheidenheit in dieser Frage sich selbst als Ihnen „anerkanntermaßen" mir gegenüber gebührend öffentlich vindiciren, ein stolzes, hochmüthiges Selbstbewußtsein — ich spreche hier nicht mit dem vormärzlichen Herrn Distriktsrabbiner — das Sie hier als kühle Selbstverständlichkeit aussprechen, das sich aber in dem ganzen Ton Ihrer Antwort an mich von Anfang bis zu Ende unverhohlen kund giebt, was diese Selbsterhebung als גדול betrifft, so gestatten Sie mir ein freimüthiges Geständniß.

Wenn Einer mir die Winzigkeit meines Wissens in irgend einem Gebiete und zumal im Gebiete unserer תורה=Wissenschaft, das, nach dem bekannten aber wahren Spruch, an Umfang und Tiefe das Meer übertrifft, vordemonstriren wollte, ich würde zu ihm hintreten und mit aufrichtigem, freundlichem Händedruck ihm sagen: lasse es gut sein, lieber Freund, erspare dir die Mühe, wie klein du auch mein Wissen beurtheilen mögest, immer wirst du es noch dem Maaß von Winzigkeit gegenüber weit überschätzen, dessen ich mir selber bewußt bin.

Wenn aber Einer sich auf das stolze Roß der Selbsterhebung setzt und mit hochmüthigem Selbstbewußtsein mir und den Leuten zuruft: „ich bin der גדול, ich bin der Große, bin der Größere!" dann gehe ich still lächelnd an ihm vorüber. Die Zeit ist längst dahin, in welcher es zur Charakter=Eigenthümlichkeit eines jeden Hakam תלמיד חכם gehörte מכיר את מקומו zu sein, sich selbst mit irreloser Würdigung die Stufe und Stellung seines Wissens in der Reihe der Wissenden herauszufinden. ביום שנכר אגרופה של הנופה, klagt schon eine תוספתא in Sota 41, b., seitdem die Macht der Schmeichelei überhand genommen, אין אדם יכול לומר לחבירו מעשי גדולים ממעשיך, kann Keiner mehr zu dem Andern sagen, meine Leistungen sind größer als die deinen. Ich habe dies immer, und vielleicht nicht mit Unrecht, auch dahin verstehen zu dürfen geglaubt, daß die überhand nehmende Schmeichelei die Selbsterkenntniß und die Beurtheilung der eigenen Fähigkeiten und Leistungen trübt. So, um aus der Erfahrung der Gegenwart zu sprechen, die gegenseitig sich überbietende Titular=Hyperbel, die mit wohlfeiler

Connivenz lauter „גאונים", lauter „Eminenzen", lauter „große Leuchten", lauter „Wunder der Zeit", lauter „מופלגים ומופלאים", lauter „hervorragende", lauter „anzustaunende" Wissensgrößen schafft, schon diese ganz harmlos geübte הכנעה reicht hin, das Bewußtsein für die Selbstbeurtheilung zu trüben und zur Selbstüberhebung zu steigern. ע" מה שכתב רא"ש פ' אלו מגלחין רף י"ו וע" היספו"ט עריות א. ה' ור"ח שבים ם"ש. Da preise ich Diejenigen glücklich, die in ihrem Leben mehr Gegnerschaft und Anfeindung als Augendienerei und schmeichelnde Anerkennung gefunden. Sie sind gegen diese Klippe der Selbstüberschätzung glücklich gefeit. Sind wir doch überhaupt im Himmel und auf Erden nicht das, wozu eine zeitgenössische Comparserie uns macht, sind doch in Wahrheit nur so viel als wir wirklich sind, und als wir das Bischen 'was wir sind, treu im Dienste des Wahren und Rechten verwerthen.

Was nun zumal die richtige Größen-Feststellung für die הוראה, um die es sich hier handelt, betrifft, ist diese ja überhaupt unendlich schwer. Es kann ja Einer ein חריף und בקי sein, aber sein חריפות ist oft ein חריפות של הבל, es steht mehr im Dienste der Selbstverherrlichung als im Dienste der Wahrheit, und führt ihn oft auf Abwege der Erkenntniß, אגב חריפתא שביש"א; oder seinem בקיאות fehlt die richtige Sachkenntniß, das richtige Verständniß der Dinge, vor Allem der Verhältnisse und Zustände für welche die richtige Entscheidung nach dem Gesetze gesucht werden soll, deren Kenntniß aber nicht aus den Büchern, sondern mit richtigem Blick aus dem Leben gewonnen werden will, er ist eben ein תמיד הכב שאין בו דעה; oder es fehlt ihm die סברא ישרה mit geradem Urtheil מרדה מלתא למלתא, mit geradem Sinn die rechten Analogien und die rechten Schlüsse aus dem Gesetze zu ziehen. Ein Anderer vielleicht glänzt nicht in חריפות-Turnieren, aber er weiß אליבא דהלכתא שמעתהא 'אסוקי, aus den Gesetzesverhandlungen den vollgiltigen Schluß für die Praxis zu ziehen, mit סברא ישרה die rechten Analogien zu bilden, מרדה מלתא למלתא zu sein, und es fehlt ihm nicht an der für jeden ח"ה so nöthigen דעה, Sachen, Zustände und Verhältnisse über die er entscheiden soll, mit richtigem Blick zu würdigen. Mancher hält sich und wird für einen Goliath gehalten und stolpert über die eigene Größe. Mancher steht winzig klein da wie der David-Knabe in seiner Jugend, aber er weiß den rechten Stein für den richtigen Wurf zu wählen — wer will da sich anmaßen die richtige Größen-Klassificirung für die הוראה unter den Lebendigen zu treffen! קטן וגדול שם הוא, die rechten und richtigen Censur-Nummern werden erst „dort" vertheilt —

Zum Glück brauchen wir dieses unerquickliche Thema nicht zum Austrag zu bringen und ist die גדול קטן-Rangirung für unsere Frage völlig irrelevant.

Denn:

hätten Sie, wie es einem גדול בהוראה oder auch nur einem jedem treuen Jünger

unserer wahren גדולים ז"ל geziemt, nicht nur in den הדיינים קיצור hineingeblickt, son=
dern wären immer auf den שורש הדינים ומקורם, auf die Rechts=Quellen zurückgegangen.
Sie hätten erkannt: die vom ש"ך nebeneinandergestellten divergirenden Ansichten
י"א ייאפי' השני גדול ממנו בחכמה ובמנין אינו יכול להתיר ויש מתירים בגדול ממנו sind eben
nur die Consequenzen der beiden über die Motive des הכם שאסר וכו' sich einan=
der gegenüber stehenden שיטות:

Einerseits: ריב"ש, ריטב"א, רא"ש, רשב"א, רמב"ן, ראב"ד, nach welchen das
Motiv des Kanons: שאסר אין הבירו רשאי להתיר nicht חכם של כבודו משום,
nicht in einer Rücksicht für die Ehre des erstentscheidenden חכם, sondern in dem
gesetzlichen Grunde liegt, daß mit dem אסור=Ausspruch des Erstentscheidenden
das zur Frage gestandene Objekt für immer אסור geworden ist, שויה התיכה
דאיסורא, so, daß אפי' גדול ממנו es nicht mehr מהיר sein kann, und hätte er es
gethan, sein היתר=Ausspruch kraftlos ist, ואם התירו אינו מותר, ja selbst, wenn,
nach angehörter Ansicht des Zweiten, der Erste sich ihr anzuschließen geneigt
wäre, er seinen איסור=Ausspruch nicht wieder mit Erfolg zurücknehmen kann, der
איסור vielmehr aufrecht bleibt, weil eben שויה התיכה דאיסורא, so lange nicht sein
איסור=Ausspruch auf einem nachweisbar gegen eine mit Entschiedenheit
feststehende Gesetzesbestimmung verstoßenden Irrthum, טעות בדבר משנה,
beruht. Siehe ש"ך נ"ח א' ז' ע"ך zu ריטב"א zu פ"ק דע"ז ריש פ', ר' zu י"ד רמ"ב ס"ק נ"ג.
(Ob ein durch כוניא דעימא nachweisbarer טעות בשיקול הדעת in dieser Bezie=
hung der החורה einem טעות בדבר משנה gleich stehen würde, ist controvers, hat
aber für unsere Frage keine Bedeutung. Siehe שו"ה פנים מאירות Th. I, 2.).

Zur Klarstellung dieser שיטה citiren wir die Worte des ריטב"א: הנו רבנן
שאל לחכם פי' חכם ראוי להוראה וטימא לא ישאל לחכם ויטהר לחכם ואסר לא ישאל לחכם
ויתיר פי' לא תימא לא ישאל לכתחלה דוקא ומשום כבוד הראשון אלא אפילו בדיעבד אם שאל
אין טהרתו והתירו של אחרון כלום דכיון דקמא חכם וראוי להוראה כשהורה עליה לאסור או
לטמאה שויה התיכה דאיסורא והכי מוכח מכבמוה וכן נמי אמרינן בסנהדרין ומייתי לה בפ' אלו
טריפות הכם שטימא אין הבירו רשאי לטהר פי' אינו רשאי ואם עשה לא עשה כלום והכי
מוכח התם והא אפי' בשהשני גדול מן הראשון בחכמה ובמנין מדלא מפלוגין ברישא כדמפלגינן
בסיפא היו שנים וכו' ודין הוא דכיון דקמא שויה חתיכה דאיסורא שוב אין נ"לה היתר עולמית
ואפי' נורע שטעה מיהו דוקא בטעה בשיקול הדעת אבל אם טעה בדבר משנה אין הוראתו
הוראה כלל ולא חל איסור בהחתיכה זאת וחבירו רשאי להתירו וכו' ע"ש.

Andererseits die שיטה des ר"ן, מהרי"ק, רבינו ירוחם, nach welcher das Motiv
des הכם שאסר וכו' nicht in שויה חתיכה דאיסורא, sondern in Ehren=Rücksichten für
den erstentscheidenden חכם, משום כבודו של חכם, zu suchen sei, eine Rücksicht die
bei Zweitentscheidendem גדול ממנו wegfiele, weshalb nach dieser שיטה ein zweitent=
scheidender ש"ך und גדול ממנו רשאי להתיר מה שאסר הראשון. Siehe ר"ן פ"ק דע"ז
רמ"ב ס"ק נ"ג.

Wenn nun hier, wie Sie meinen, zwischen diesen beiden שיטות nach dem
Kanon בדרבנן הולכין לקולא zu entscheiden wäre, so hätten Sie zuerst nachzu=
weisen, daß auch nach שיטת הראב"ד das הכם שאסר וכו' nur דרבנן wäre, daß nicht
ebenso wie der allgemeine Satz שויה אנפשיה ההיכה דאיסירא nach פ'מ zu י"ד
ט' ס'ק א' und Anderen als auf der Basis von נדרי איסור beruhend דאוריתא
ist, ebenso auch das שויה ההיכה דאיסורא des ראב"ד aus gleichem Grunde
דאוריתא wäre, daß nämlich der שואל, indem er eine הוראה=Frage einem הכם הראוי
להוראה zur Entscheidung vorlegt, von vornherein damit מקבל עליו wäre, das,
was ihm der הכם für אסור erkläre, wenn seine Entscheidung nicht auf einem
entschiedenen טעות, טעות בדבר משנה, beruht, auch als אסור zu halten. Ebenso
würde allgemein eine Gemeinde mit der Bestellung eines הכם zur הוראה הוראת
von vornherein auf sich מקבל sein, der הוראה desselben, wenn sie nicht nach=
weisbar auf einem vollendeten טעות beruht, in allen Stücken zu folgen, ins=
besondere wenn sie in den Gemeindestatuten den Rabbiner als die für alle
religiösen Gemeinde= und Privatangelegenheiten allein maßgebende Autorität
ausdrücklich erklärt hat. Schwerlich dürfte sich für diese Verhältnisse לעני'ד
eine andere Basis als נדרי איסור finden lassen. Jedenfalls läge Ihnen erst
der Gegenbeweis auf, bevor Sie הכם שאסר וכו' ohne Weiteres als דרבנן er=
klären könnten. Sie hätten aber auch ferner noch zu beweisen, daß sich der
דאוריתא= oder דרבנן=Charakter der Anwendung des שאסר הכם nicht auch vor
Allem nach dem Charakter des Frage=Objekts richte, so daß die zwischen den
beiden שיטות zu treffende Entscheidung ob ein גרוד רשאי oder רשאי מה להתיר
חביכו שאכד von dem Umstand bedingt sei, ob der Gegenstand der Frage
einen איסור דאורי' oder דרבנן betreffe. Daß aber die vollendete Trennung von
מינות und אפיקורסות nicht eben als Etwas דרבנן zu behandeln wäre, dürften viel•
leicht auch Sie zugestehen.

Ihre vermeintliche Competenz als des „anerkanntermaßen גדול במני להתיר
מה שאסרתי, dürfte somit schon nach allem Obigen auf sehr schwachen Füßen
stehen. Allein wir haben die obigen Ihnen entgegenstehenden Bedenken gar
nicht erst לידי בירור zu bringen.

Die Sache ist ohnehin und zwar völlig gegen Sie entschieden.

Wenn ש"ך zum י"ד auch die beiden שיטות ohne מכריע zu sein neben ein=
andergestellt, so hat er doch zum ח"מ כ"ה ס"ק י"ד אוה י"ה (siehe auch אוה י"ד)
sich rückhaltlos für die שיטה des ראב"ד, רמב"ן und רשב"א entschieden
und darauf hingewiesen, daß der ר' selbst seine Ansicht für die Praxis nicht
aufrecht gehalten und geschrieben: כך נראה לי להלכה אבל למעשה אין בי כח להחליק
על אבות העולם ז"ל!!!

In der That haben wir ja auch keine größeren Autoritäten, keine unsterb=
licheren „Väter" unserer ganzen Gesetzeswissenschaft, als Diejenigen, deren שיטה
hier zur Geltung zu kommen hat.

Wenn nun nach der vom ש״ך adoptirten שיטה dieser אבות העולם selbst ein
גדול ממנו אינו רשאי להתיר מה שאסר הבירו ואם התיר אינו מותר, so handelt Derjenige,
der als גדול ממנו das מהיר ist הבירו שאסר מה, durchaus ungesetzlich und wandelt
nicht ז״ל האלה העולם אבות בעקבות. Und wenn Sie daher als „anerkanntermaßen"
גדול ממני Das, was ich für אסיר erklärt hatte, מהיר gewesen, so haben Sie
durchaus ungesetzlich gehandelt, und Ihr היתר=Spruch wäre nichtig,
wäre בטל כעפרא דארעא, selbst wenn ich der Geringste aller מורי הוראה
בישראל sein würde.

Allein Sie wollen sich dadurch rechtfertigen, daß das הכם שאסר וכו' nach
ש״ך קיצור או״ה „kurz und bündig" an die Bedingung geknüpft wäre, daß חלה
הוראתו ונתפשטה, und dieses ונתפשטה חלה interpretiren Sie, „daß sie Annahme
und Verbreitung" gefunden. „Sie muß also vor Allem angenommen, also
als richtig erkannt worden sein, darf aber nicht gleich bei ihrer Entstehung als
unrichtig Widerspruch gefunden haben." Diese Bedingung sei aber bei meiner
הוראה nicht erfüllt gewesen, sie sei nicht חלה, nicht als richtig erkannt und an=
genommen, sei mit ihrer Entstehung auf Widerspruch gestoßen, sei von
einem hiesigen competenten Herrn sofort als sie ihm bekannt geworden für un=
richtig erklärt worden, dessen Erklärung für die anderen Herren um so mehr
maßgebend sein durfte, als meine הוראה eine „ganz neue, in ihrer Art wohl
kaum noch dagewesene" war. Meine הוראה sei daher nicht nur „analog mit
שניהם היו בכית המדרש, sondern hafte ihr in noch höherem Grade die Bezeichnung
לא נתפשטה an, weshalb jeder unparteiische, unbefangene, auch nur einigermaßen
sachkundige הוראה בעל gewiß damit einverstanden sei, daß hier von חכם שאסר
וכו' nicht im Mindesten die Rede sein kann."

Diese ganze Interpretation und Deduktion ist eine total
irrige und unrichtige, so irrig und unrichtig, daß kein sachkundiger בעל
הוראה, und ebensowenig der „unbefangene" vormärzliche Herr Rabbiner Bam=
berger, sie als wahr und richtig erkennen wird.

חלה heißt nicht: angenommen, kann es hier nicht heißen, und נתפשטה,
wenn es „Verbreitung" gefunden heißt, kann nicht Bedingung des הכם
שאסר וכו' sein, und der Widerspruch des hiesigen Herrn kann nicht als analog
mit שניהם היו בכית המדרש betrachtet werden. Die Wahrheit dieser Sätze springt
jedem auch nur einigermaßen Sachkundigen in die Augen, der, wie es jedem
pflichtgemäßen בעל הוראה geziemt, sich nicht damit begnügt in die „kurzen und

bündigen" קיצורי הדינים hineinzublicken, sondern auf die Quellen der דינים zurück-
geht, aus welchen sie abgeleitet sind.

In den Fällen, bei welchen im Talmud der Kanon חכם שאסר אין חבירו
רשאי להתיר in Anwendung gebracht wird: נדה 20, b. ילחא איתא דמא לקמיה דרבה
הולין 44, a. בר בר חמא וטמי לה הדר איוהה לקמיה דרב יצחק בריה דרב יהודה ודכי לה;
das. 49, a. האי פסוקה דגרגרת דאתאי לקמיה דרב וכו' שדריה לקמיה דרבה בר בר הנה
הוא מחטא דאשהכח בסמפונא רבה דכנדא הוא מר בריה דרב אידי טריף רב אדא בר
מניומי מבשיר auf welchen הוספו' das. 44, b. den Kanon anwendet, so wie schon
aus dem Wortlaut das Kanon selbst: Aboda Sara 7, a.: תנו רבנן הנשאל לחכם
וטימא לא ישאל לחכם ויטהר לחכם ואסר לא ישאל להכם ויתיר, geht mit einer Entschiedenheit die gar keinen Zweifel zuläßt ein Dreifaches hervor:

a, daß der Kanon חכם שאסר u. s. w. nicht erst dann eintritt,
wenn die Entscheidung des Ersteren angenommen worden. Die Sätze sprechen doch ausdrücklich von dem Falle, daß der Fragesteller selbst die Frage,
nachdem sie bereits der Eine לאיסור entschieden hatte, einem Andern zur Entscheidung vorlegen will, er somit nicht sich mit der איסור-Entscheidung des Ersten
beruhigt, sie somit noch nicht angenommen hatte. הלה kann daher unmöglich: angenommen sein heißen.

b, ferner waren die Fragesteller durchaus nur Einzelne, die Frage
betraf durchaus nur sie, berührte lediglich ihr Einzelinteresse, wobei somit
an eine Verbreitung, die die הוראה gefunden haben müsse um das חכם
שאסר anzuwenden, gar nicht zu denken ist, ebenso wie ja auch der Kanon
ganz allgemein lautet: הנשאל לחכם וטימא לא ישאל להכם ויטהר וכו', gleichgiltig ob
die Frage im Einzel- oder in einem Gesammt-Interesse geschehen. Wenn daher das ונפשטה des ש"ך „Verbreitung" • heißen sollte, so kann es unmöglich
Bedingung des חכם שאסר וכו' sein.

c, endlich: waren in allen diesen Fällen die zweitentscheidenden חכמים
Stadtgenossen des Erstentscheidenden, die Frage wurde sofort von dem Erstentscheidenden zu dem zweiten, ihm widersprechenden gebracht, und ein רב יצחק בריה
דרב יהודה, ein רבה בר בר הנה, ein רב אידי בר מניומי waren wohl jedenfalls so
competente בעלי הוראה wie der hiesige Herr, dem Sie — was ich gar nicht an-
tasten will — die הוראה-Competenz zuerkennen, die הוראה des Erstern ward also
sofort durch einen andern חכם in der Stadt für nach seiner Ansicht unrichtig
erkannt, und doch wurde ihm nicht das Recht zuerkannt להתיר מה שאסר חבירו.
Das שניהם היו בבית המדרש ist daher durchaus buchstäblich gemeint. Nur
wenn die beiden חכמים zusammen im בית המדרש waren, als die Frage zur Entscheidung kam, die Frage somit Beiden zugleich und zusammen vorlag,
שבא הדבר (ד"ה הנשאל וכו' ע"ז 7. a. הוספו' ד"ה שניהם היו הכבי המדרש כשנישאלה השאלה

(רא"ש פ"ק דע"ז), nur dann, wo sie über die Frage discutiren und sich nicht vereinigen können, steht Jedem das Recht zu seiner Meinung zur Geltung zu bringen und wenn auch der Erste seine Ansicht לאיסור ausgesprochen, ist der Andere berechtigt seine Ansicht להיתר auszusprechen. So sagt ja auch der Kanon nicht: הנשאל לחכם וטמא לא ילך לעיר אחרת וישאל לחכם, sondern סתם: הנשאל לחכם וכו' לא ישאל להכם וכו': ויטהר, und wenn auch dieser Zweite der Nachbar des Ersten, der Mitbewohner desselben Hauses wäre, sobald die Autorität, mag diese nun Einer oder Mehrere zusammen gewesen sein, welcher der Fragesteller seinen Fall vorgelegt, diesen לאיסור entschieden, so kann er den Fall nicht einer andern zur היתר=Entscheidung vorlegen. Bezieht sich doch sehr wahrscheinlich der zweite Satz der הוספתא: היו שנים אחד מטמא ואחד מטהר וכו' auf den ersten Satz הנשאל לחכם u. s. w. und sagt: waren es aber Zwei, denen er seine Frage vorgelegt, und diese divergiren in der Ansicht, dann u. s. w., und ist somit die הוספתא selbst die Quelle der Modalität היו שניהם בכיה מ. Es ist dies auch aus der עריה א' הוספתא klar, dort lautet der Kanon nämlich also: נשאל להכם וטמא לו לא ישאל להכם היו שנים אחד אוסר ואחד מתיר אחד מטמא אחד מטהר אם יש הכם אחד נשאלין לו ואם לאו הולכין אחרי המחמיר ר' יהושע בן קרחא אומר דבר מדברי הורה הולכין אחרי המחמיר מדברי סופרין הולכין אחר המיקל. Mich dünkt, es leuchtet hervor, daß das היו שנים וכו' nur eine Fortsetzung des נשאל להכם וכו' ist.

Es ist somit nicht wahr, daß הלה הוראתו die Annahme der הוראה bedeute, vielmehr heißt הלה, wie הל gewöhnlich: Platzgreifen, wenn die Entscheidung auf dem zur Entscheidung gestandenen Frage-Objekt Platz gegriffen, ihm seinen Charakter, hier den איסור=Charakter aufgedrückt hat, ähnlich wie נדרים הלים על דבר מצוה, איסור הל ע' איסור und sonst so häufig. Die Entscheidung war vollendet und der Frage-Gegenstand ist dadurch אסור geworden, שויה ההיה דאיסורא, und das ist er doch auch nach שיטה הר"ן של הכם כבודו משום, so lange die Entscheidung nicht durch einen גדול ממנו aufgehoben, oder als entschiedener טעות nachgewiesen ist. Die Annahme durch den von der Entscheidung Betroffenen ist dabei, wie wir nachgewiesen, ganz gleichgiltig. (ט"ז ס"ק י"ה spricht nur von הכם שהתיר, wo im eigentlichen Sinne הלה nicht gemeint sein kann, da bei הכם שהתיר das שויה חתיכה דאיסורא wegfällt. Und auch dort ist ש"ך im נק"הל der Ansicht, daß eben so wie bei הכם שאסר es nur im Gegensatz zu היו שניהם בכיה"ט zu fassen sei. Auch ש"ה נ"ב, חכם צבי, adoptirt die Ansicht des ט"ז nur für הכם שהתיר und zwar weil: היא גופא מילתא דתמיהא היא והבו דלא להוסיף עלה).

Daß ונתפשטה nicht — wie etwa bei גזירות הז"ל — die Verbreitung als fernere Bedingung setzen könne, haben wir ebenfalls nachgewiesen, wird es ja auch vom ש"ך ס"ק נ"ב gar nicht erwähnt. Dort heißt es einfach „kurz und bündig": חכם שאסר וכו' אין חברו כו' היינו כשכבר הלה הוראתו. Von נתפשטה als Bedingung

2

des להתיר רשאי חברו אין ist dort keine Rede, und werden ja קיצור דינים nichts enthalten was in der ausführlichen Commentirung nicht gesagt war. Durch die Beifügung daf. יכול להתיר הבמדרש בבית שניהם אם אבל und den Hinweis hierfür auf ס"ק נ"ה wird aber das Räthsel gelöst, und tritt das ונתפשטה in völlig harmloser Bedeutung hervor. Dort wird nämlich das בב"הכ שניהם אם näher dahin erklärt: שהיו כגון זה דברי ולא זה דברי לא נתפשט שם ולא ונהלקו בב"ה יהר. Es soll dies offenbar nichts Anderes heißen als: die beiden הכמים, vor welche die Frage im ב"המ zusammen zur Entscheidung kam, waren dort getrennter Meinung, und da sie sich nicht vereinigen konnten, war der Fall weder nach des Einen noch nach des Andern Ansicht dort zum Austrag, zur Entscheidung gekommen, die Frage war unentschieden geblieben, איפשיטא לא האיבעיא. So auch בש 'א אמרים מימוניות הגהות ר"ח בספר היישר: שנשאלה השאלה בבית המדרש ונהלקו בה ולא פשטו לא כדברי זה ולא כדברי זה. Mir scheint, die Sache ist klar. Es giebt zwei Fälle, in welchen das 'וכו שאסר הכם eintritt; 1, wenn die Frage zuerst nur Einem vorlag, der sie לאיסור entschieden hat, das ist einfach: הוראה הלה. 2, oder die Frage ist zweien הכמים zusammen im ב"המ vorgekommen, sie waren anfangs divergirender Ansicht, מתיר זה אוסר זה, sie haben sich dann für die Ansicht des אוסר geeinigt und demnach לאיסור entschieden, dann ist הוראתו של אוסר. נתפשטה Für die Anwendung des 'וכו שאסר הכם ist Beides völlig gleich, und nur im Gegensatz zu dem נתפשט ולא בה ונהלקו בב"המ שנים היו, für welchen Fall das שאסר הכם nicht eintritt, erwähnt ש"ך im הדינים קיצור der Vollständigkeit halber Beides. Wollte man aber gleichwohl das נתפשטה durchaus als „Verbreitung" auffassen, so kann es, wie wir unter b, nachgewiesen, unmöglich vom ש"ך als Bedingung des הכם 'וכו שאסר gesetzt, sondern nur als Steigerung des היתר gemeint sein, daß selbst מיהר לשאול לשני רק שיוידיעוהו doch נתפשטה, שאסר הלה הוראתו und sogar 'וכו בישנה בדבר טעה שהראשון ואם הראש"ץ. Mir scheint jedoch die erste Auffassung die richtigere zu sein, da das נתפשט in den Quellen, so weit ich gesehen, nur im Zusammenhang mit ב"המ בה נהלקו vorkommt. Auch aus dem eben citirten ש"ך in נקה"כ ist es klar, daß ש"ך das הלה ונתפשטה nur als Gegensatz zu ב"המ כביה שנים היו verstanden hat.

Daß das בב"המ שניהם nur buchstäblich gemeint sei, habe ich unter c nachgewiesen. Ihre ganze Interpretation des הלה ונתפשטה und des בב"המ שניהם ist daher eine durchaus irrige, und Ihre ganze darauf gebaute Deduktion hinfällig.

Wäre aber auch Ihre Interpretation des הלה ונתפשטה so wahr wie sie irrig ist, forderte das הלה und נתפשטה in der That, was ja nicht der Fall ist, Annahme und Verbreitung, so war ja auch diese Bedingung bereits offenkundig bei meiner הוראה der Fall. Sie fand sofort vom Vorstand und

Ausschuß unserer Gesellschaft Annahme, und sie nebst achtzig Mitgliedern dersel=
ben traten sofort aus. So war ja selbst die von Ihnen irrigerweise ge=
forderte Bedingung erfüllt, und selbst nach Ihrer durch und durch
irrigen Interpretation der הלכה eine jede הוראה היתר nach meiner הוראת
איסור ungesetzlich und nichtig.

Daß Sie aber das opponirende Vorgehen der hiesigen Herren damit
beschönigen wollen, meine הוראה sei „eine ganz neue, in ihrer Art wohl
kaum noch dagewesene" gewesen, gehört wieder zu den sonderbaren Unbe=
greiflichkeiten, deren Ihre offene Antwort eine solche Fülle enthält. Wollen Sie
denn durchaus das Auge zudrücken über die Gutachten von vierhundert
Rabbinen, zu welchen ja auch Sie gehörten und welche bereits ganz dieselbe
הוראה für Wien vollzogen hatten, als ich ganz Dasselbe für Frankfurt ent=
schied? Und da war meine הוראה ein so ganz „Neues, noch nie Dagewesenes"?
Kommen denn die Thatsachen aus der Welt, wenn Sie, Herr Rabbiner, ein
Auge über sie zudrücken?

Doch es ist ja auch dies völlig irrelevant für unsere Frage, und weise
ich nur darauf hin, um auch in diesem nebensächlichen Zuge die staunenswerthe
Gedankenlosigkeit zu constatiren, welche bei Abfassung Ihrer offenen Antwort
die Feder geführt.

Wären Sie aber auch mit allem Bisherigen ebenso im Rechte, wie Sie
im entschiedenen Unrechte sind, hätte Ihnen — wären Sie mein
Ortsgenosse — auch das Recht להתיר מה שאסרה zugestanden, wie es Ihnen
nach allem Obigen auch dann mit Entschiedenheit nicht zugestanden
hätte und Sie — selbst als ein Ortsgenosse — sich durchaus eine völlig
folgelose Gesetzwidrigkeit hätten zu Schulden kommen lassen:
so haben Sie als fremder Rabbiner eine Ungehörigkeit begangen,
die mit doppelter Schwere Ihr Gewissen belastet.

Freilich befolgen Sie in Ihrer offenen Antwort die wenig löbliche, aber
auch wenig ersprießliche Taktik, nur gegen nebensächliche Momente ein allenfalls
Sachunkundige zu täuschen fähiges Scheinmanöver zu eröffnen, die eigentlichen
Kernpunkte der Frage aber und die gewichtigsten von mir Ihnen entgegengehaltenen
Momente, entweder mit Stillschweigen zu umgehen, oder mit einem Paar Phrasen,
oder mit einem souverain hinabblickenden: „das bedarf für Niemanden einer
weiteren Erörterung" abgethan zu glauben. So meinen Sie Ihr unbefugtes,
anmaßungsvolles Eingreifen in die Angelegenheit einer Ihnen ganz fremden
Gemeinde und Ihr ebenso unbefugtes, anmaßungsvolles widersprechendes Auf=
treten gegen den Ausspruch des Rabbiners derselben durch die Versicherung zu
rechtfertigen: „daß bei solcher Sachlage der hervorgehobene Punkt מרא דאתרא

nicht den mindesten Halt hat, bedarf wohl keiner Erörterung, ist doch über=
haupt der Umstand מרא דאתרא durchaus nicht als דין, sondern blos als לאו
אורח ארעא, als nicht üblich, in ש"ס ופוסקים an zahlreichen Stellen bezeichnet."
Und doch ist es grade der Punkt, der unter allen Umständen und bei jeder
Sachlage den Stab über Sie und Ihr Vorgehen gegen mich bricht.

Freilich wird die Zurückweisung eines jeden fremden Rabbiners von jeder
הוראה in einer ihm fremden Gemeinde nicht als דין, sondern als לאו אורח ארעא
bezeichnet, das aber nicht, wie Sie es fälschlich wiedergeben, als „nicht üblich",
sondern als nicht den Anforderungen des דרך ארץ entsprechend bezeichnet wird,
die wir, wenn, was Gott verhüten wolle, sie nicht üblich wären, mit aller Ent=
schiedenheit zur Uebung und Geltung zu bringen hätten. Oder gehört מצות
דרך ארץ nicht zu der Privat= und amtlichen Lebensbibliothek eines Herrn Di=
striktsrabbiners zu Würzburg? Sie haben meine Aeußerung, Sie seien dem Prin=
zipe תורה עם דרך ארץ, wie es unsere Religionsgesellschaft als Devise für alle
ihre Bestrebungen erhoben, nicht ganz hold, worin ich nur einen möglichen
Milderungsgrund für Ihre etwaige Gleichgiltigkeit gegen den Fortbestand unse=
rer Institutionen erblickte, diese Aeußerung haben Sie so übel vermerkt, und sie
mit solcher Emphase von sich abgewiesen, und es handelt sich dort doch nur
um ein Bildungs=Prinzip, dessen Inbegriff unter דרך ארץ diskutabel ist, und,
wie Sie wissen, auch bestritten wird. Und Sie wollen ein לאו אורח ארעא, wo=
durch Ihr Vorgehen als wider jenes דרך ארץ verstoßend verurtheilt wird, das
unbestritten und unbestreitbar zu dem praktischen דרך ארץ gehört, zu jenem
דרך ארץ, zu jenem Codex des sich von selbst aus dem Zusammensein der Men=
schen auf Erden ergebenden entsprechenden Verhaltens gehört, der, nach dem
Worte der Weisen (ויקרא רבה ט'), um sechsundzwanzig Geschlechter der תורה vor=
angegangen war, כ"ו דורות דרך ארץ קדמה לתורה, dessen Diktate für seinen Wan=
del Keiner außer Acht lassen soll, der des göttlichen Heiles sicher sein will,
ושם דרך אראנו כישע אלקים דש"ים אוהיה (siehe das.), ein Diktat dieses דרך ארץ,
das im gegenseitigen Verhalten von allen הכמי הש"ס — אתריה דרב הוי — einge=
halten wurde, wollte der Herr Distriktsrabbiner zu Würzburg als für ihn minder
berücksichtigenswerth seinem Papierkorb überweisen?

כנה"ג י"ד רמ"ב ב' אות ז' spricht sich über das דרך ארץ zu unserem Falle
also aus: ראין להכם להורות במקום הברו משום דלאו אורח ארעא הוא ואין איסור בדבר
ומ"מ מנדין אותו על כך וכיון שמנדין אותו על כך לא שבקנן ליה למיעבד הכי כ"ש היכא דקבלו
הקהל לרב. Zu Deutsch: „Es steht keinem הכם eine הוראה zu an dem Wohnort
„eines Andern, es ist dies nicht דרך ארץ; ein איסור liegt nicht darin, gleichwohl
„spricht man נדוי über ihn aus. (Es ist dies der erste Grad des Bann's). Da man
„also, wenn Jemand sich eine הוראה in dem Wohnort eines andern הכם erlauben

„würde, man darob mit נדוי gegen ihn vorzugehen hätte, so läßt man überhaupt
„ein solches zu thun nicht zu, umsoweniger wenn der הכם des Ortes von der
„Gemeinde zum Rabbiner bestellt ist."

Und שלטי גבורים‎, פ״ק ד ע״ז, spricht sich auf Grund der Chulin 51, b. von
רש״י als עיקר abgegebenen Erklärung also aus: משמע שבמקום שהכם אחד הורה
כמעשה שבא לפניו להתר או לאיסור ואפילו לא בא לעולם מעשה כזה לפניו אלא שדעתו גלוי
להורות בך אין לחכם אחר שאין זה מקומו לסתיר דבריו להורות כהיפך באותו מקום ואפילו היה
זה החכם האחר גדול כמנו‎. Zu Deutsch: „Daraus geht hervor, daß an einem Orte,
„wo ein חכם einen vor ihn gekommenen Fall להתר oder לאיסור entschieden hat,
„ja, selbst wenn ein solcher Fall noch gar nicht vor ihn gekommen
„war, allein seine Ansicht ist bekannt, daß er also entscheiden
„werde, so hat kein anderer חכם, der aus einem anderen Orte ist, dessen Wor=
„ten zu widersprechen, im Gegensatz zu denselben an dem Orte zu entscheiden,
„selbst wenn dieser fremde חכם größer als der einheimische wäre." Und ferner:
ופשוט פ״ק דחולין דף י״ח דבמקום שיש גדול וחכם שנהניג שם הוראה אחת יש ללכה אהרי
ההוראה אפי' לא נהגו כן בשאר המקומות ואפי' לא קיימי כוותיה בשאר מקומות שאין פסק
ההלכה כמותו מ״מ במקומו יש לעשות כהוראתו. Zu Deutsch: „Es ist klar nach Chulin
„18, b., daß in einem Orte, wo ein גדול וחכם eine הוראה in die Praxis einge=
„führt, man dort dieser הוראה nachfolgen muß, selbst wenn an anderen Orten der
„Usus ein anderer ist, ja selbst wenn man an anderen Orten deshalb in der
„Praxis nicht mit ihm hält weil der halachische Schluß nicht mit ihm überein=
„stimmt, so hat man doch in seinem Orte seiner הוראה in der Praxis zu folgen."

So sprechen sich die Gesetzesautoritäten über die lokale Autorität eines
חכם, insbesondere Desjenigen aus, den die Gemeinde zu ihrem Rabbiner bestellt
hat. Danach ist es klar, daß, selbst wenn meine הוראה noch gar nicht im Sinne
Ihrer auf irriger Interpretation beruhenden Auffassung נחפשטה, ja,
wenn ich noch gar nicht die vorliegende Frage לאיסור entschieden gehabt hätte,
es wäre nur meine לאיסור entscheidende Ansicht offenkundig gewesen, kein frem=
der Rabbiner, und wenn er „anerkanntermaßen" גדול ממני gewesen, sich hätte
für befugt halten dürfen, in meiner Gemeinde und für meine Gemeinde im Ge=
gensatz zu meiner איסור=Entscheidung den היתר auszusprechen, und hätte es sich
auch nur um den gebrochenen Flügel eines Hühnchens gehandelt — diesen ge=
brochenen Flügel werden Sie nun einmal nicht los, so lange wir noch „ein
Hühnchen miteinander zu pflücken" haben — wobei ja eventuell nur vielleicht der
geringste aller איסורים: מצה פרוש בעלמא in Frage zu stehen brauchte —: und da
wollen Sie es rechtfertigen, daß Sie als fremder Rabbiner in durchaus unbe=
fugter Weise sich ein Einschreiten in die Angelegenheiten meiner, einer Ihnen
ganz fremden Gemeinde, sich einen Eingriff in die Autorität des von dieser

Gemeinde für ihre הוראה bestellten Rabbinen anmaßten, dessen הוראה innerhalb seiner Gemeinde als eine irrige erklärten, Mitglieder seiner Gemeinde zur Nicht=achtung seiner הוראה anleiteten, ja, nachdem man Sie in den Zeitungen als eine maßgebende rabbinische Autorität verherrlicht hatte, sein autoritatives An=sehen, so weit an Ihnen lag, durch ihre Erklärung in öffentlicher politischer und commercieller Zeitung vor den Augen seiner Gemeinde, ja vor den Augen seiner ganzen Stadtgenossenschaft, für welche man die Angelegenheit zu einer cause célèbre gemacht hatte, prostituirten! Und es handelte sich da doch nicht blos um einen gebrochenen Flügel, nicht blos um eine פרוטה בעלמא, es han=delte sich um einen Bruch in meiner Gemeinde, handelte sich um פרישה von מינות und אפיקורסות, um Trennung von der Reformgemeinde, eine Trennung für welche ich offenkundig fünf und zwanzig Jahre, ich kann wohl sagen Tag und Nacht unaufhörlich im Einklang mit meiner Gemeinde und deren Vorständen gear=beitet, hinsichtlich deren Ihnen sehr wohl meine איסור=Ansicht bekannt gewe=sen, ja von der Sie sehr wohl wußten, daß sie bereits durch meine Lehre und meinen Vorgang in dem von mir, meinem Vorstande und einer großen Zahl meiner Familienväter vollzogenen Austritt in die Praxis eingeführt war!!

Und dabei handelte es sich ja um Verhältnisse, die Sie als Fremder gar nicht zu beurtheilen im Stande waren und sind, die nur dem Einheimischen in genügender Weise bekannt sein können, hinsichtlich deren Ihnen daher das aller= erste Erforderniß für einen בעל הוראה, die „Sachkenntniß" des nach dem Gesetze zu entscheidenden Objekts abging. Ein gebrochener Flügel ist überall, in Frank=furt wie in Würzburg, in Newyork wie in Neuseeland, überall derselbe. Allein Gemeindeverhältnisse, wie sie bei der hiesigen Austrittsfrage zur Sprache kamen, und wie Sie sie bei Ihrem היתר=Spruch zu Grunde legten, können nur lokal erkannt und lokal beurtheilt werden. Soll ein fremder בעל הוראה sich darü=ber auch nur subjektiv ein Urtheil zutrauen können, so ist es vor Allem seine erste הוראה=Pflicht, sich dieselben von einheimischer competenter Seite klar stellen zu lassen, damit nicht von vorn herein seine הוראה eine falsche, eine auf fal=scher Voraussetzung beruhende werde. Das Geringste, wozu Sie verpflichtet gewesen wären, wäre ja das Verfahren, das רע״ד פ״ט רא״ש für zwei e i n h e i m i = s c h e חכמים vorschreibt: ואם ידאה לשני שטעה הראשון ילך ויתווכח עמו אם יכל להוכיח שטעה בדבר משנה יחזירוהו ואם חלוק עליו בשקול הדעת שסברתו נוטה להתיר מה שאסר הראשון ואין יכול להוכיהו מתוך דברי משנה או מדברי אמורא יאמר אני אומר כן אבל איני מתיר מה שאסרה מאחר שיצא מפיך לאיסיר ושיהיה הזיכה דאיסורא ואין בידי להחזירך מתוך דבר משנה או אמירא, d. h. „scheint dem Zweiten, daß der Erste geirrt, so gehe „e r z u i h m u n d d i s k u t i r e m i t i h m d e n Fall, vielleicht kann er ihm sei= „nen Irrthum aus דבר משנה או אמורא n a c h w e i s e n. Kann er dies aber nicht,

„so sage er: das ist meine Ansicht, aber ich bin das nicht כחיר was du für אסור "entschieden hast, nachdem du den איסור ausgesprochen und es dadurch zu חתיכה "דאיסורא gemacht hast, da ich dich nicht durch einen entscheidenden Irrthum-Nach= "weis zur Zurücknahme bringen kann." Das erwartet רא"ש selbst von einem Ein= heimischen. Sie aber, als Fremder, dem doch überall hier gar keine הוראה zustand, haben nicht einmal Das gethan, sondern haben, ohne auch nur mich, den מ־רא דאתרא, persönlich über den Fall zu sprechen, schlechtweg in ritterlicher Kühnheit, das für מותר erklärt, was ich für אסור erklärt hatte. Wie? — und das ist ein Motiv, das ich noch gar nicht gegen Sie geltend ge= macht — wenn mich nun bei meiner הוראה nicht nur דין, sondern חומר גדר או ס״ג= Motive geleitet hätten — ich habe Ihnen erklärt und nachgewiesen, daß das, was ich für אסור erklärt, nach meiner Ansicht אסור מדינא ist, allein Sie konnten dies doch nicht wissen, Sie hätten doch, gerade wenn Sie den Fall לדינא für ei= nen היתר גמור ansahen, und wenn Sie mich nicht für einen vollendeten Idioten an= zusehen Sich berechtigt glaubten, die Wahrscheinlichkeit, mindestens die Möglichkeit voraussetzen müssen, daß mich חומר גדר או ס״ג-Rücksichten geleitet, in welchem Falle dem Zweitentscheidenden auch da, wo ihm sonst der היתר zustehen würde, eine jede היתר-Befugniß abgesprochen wird (ש״ך י״ד רמ״ב ס״ק ס׳). Und wo lag eine ס״ג וגדר-Rücksicht so nahe, als in unserer Frage, als in unserer Frage in unserer Zeit, wo es gilt פרץ בעמוד zu sein, wo תוה״ק als eine פרוצה בקעה in חומה vor uns liegt, für welche es gilt גדר וסייג zu suchen, wo es gilt die תורה für unsere Kinder und Enkel, und unsere Kinder und Enkel für die תורה zu retten, wo von allen Seiten Einflüsse eindringen נפשות לצוד die Seelen unse= rer Kinder und Enkel der תורה und ihrer jüdischen Zukunft abzufangen — wahrlich, Herr, ich schreibe es mit blutendem Herzen, wenn nicht Gott weiß welchen Einfluß Sie ganz umgewandelt, wenn noch ein Funke von dem alten Herrn Rabbiner Bamberger in Ihnen lebendig gewesen, wenn Sie nicht ganz ein Anderer geworden, als der, den bis dahin die jüdische Welt geachtet und geehrt und als treuen Mitträger der heiligen jüdischen Sache gekannt, wahr= lich wäre auch alles Andere, was ich bis hierher gegen Sie geltend gemacht, so nichtig und wegfällig, wie es wahr und zu Recht besteht, den „alten" Rab= biner Bamberger hätte schon dieses Eine Bedenken von Allem, was Sie in dieser Angelegenheit gethan, gesprochen und gedruckt, zurückgehalten, hätte ihn zurückgeschreckt die פרצה nicht noch größer zu machen und einen אבן מכשול צור in den ohnehin schon schlüpfrigen Weg unseres Volkes hineinzuwerfen —

Wahrlich, das Wort, das מנדין אותו über den fremden חכם ausgesprochen, der sich erkühnt in einer ihm fremden Gemeinde im Widerspruch mit dem Rabbiner derselben eine הוראה zu üben, (und dieses Wort hat seine Begründung Sabbath

19, b.) das Wort hat gewußt was es spricht. Wo sollen wir hinkommen, wo wird das enden, wenn Ihr verderbliches Beispiel Nachahmung fände, und wir mit vermessener Anmaßung, mit gegenseitiger Selbsttarifirung unserer eigenen הוראה-Größen, Einer in des Andern Wirksamkeit eingriffen, gegenseitig unsere Autorität für unsere Gemeinden herabsetzten, was Einer seiner Gemeinde für אסור erklärt in völlig unberufener Weise den Mitgliedern dieser Gemeinde für מותר erklärten, mit dem hineingeworfenen Spruch unserer Anmaßung in den Schooß unserer gegenseitigen Gemeinden Verwirrung, Zwiespalt und führerlose Rathlosigkeit säeten, wenn wir überhaupt, wie Sie es mir und meiner Gemeinde gegenüber gethan, uns die Befugniß der Einmischung in die Angelegenheiten einer andern Gemeinde und ihres Rabbinen zuerkennen würden! Wahrlich Ihr ohnehin schon völlig gesetzwidriges Vorgehen wird von dieser Seite aus gewiß in keines jüdischen Mannes Brust einen Fürsprech finden, wird von Jedem mit Entrüstung verurtheilt werden, dem noch überall jüdisches Gemeindewohl am Herzen liegt.

* * *

Die völlige Hinfälligkeit alles Dessen, was Sie zur formalen Rechtfertigung Ihrer היתר-Erklärung des Nichtaustritts aus der hiesigen Reformgemeinde nachdem ich denselben für אסור erklärt hatte, vorgebracht, ist, glaube ich, durch alles Obige für jeden Sachkundigen dargethan.

Sehen wir nun wie es mit Dem bestellt ist, was Sie zur realen Widerlegung meiner אסור-Entscheidung und zur realen Rechtfertigung Ihrer היתר-Erklärung in Ihrer offenen Antwort entgegnet haben. Sie entschuldigen wohl, wenn ich dabei Etwas von Ihrer „logischen" Ordnung abweiche und die Besprechung dieser realen Seite der Frage unmittelbar der Würdigung der formalen Seite Ihres Vorgehens anschließe, dagegen die Würdigung Dessen, womit Sie Ihr Verhalten zu den beiden von Ihnen abgegebenen Gutachten zu rechtfertigen versuchen, erst dann folgen lasse.

Wiederholt kündigen Sie die Widerlegung der Gründe meiner Entscheidung mit den pompösen Worten an, daß Sie dieselben „am glorreichen Lichte der maßgebenden Autorität des Religionsgesetzes einer sorgfältigen Prüfung unterstellen wollen." Lassen wir uns durch diese pompöse Ankündigung weder blenden noch zurückschrecken. Das Licht der maßgebenden Autorität unseres Religionsgesetzes ist gewiß ein glorreiches; allein dabei kann es ja doch sich ereignen, daß das Lichtlein, das Sie an diesem „glorreichen" Lichte angezündet zu haben meinen, sehr wenig von dieser Glorie, vielleicht viel mehr vom Gegentheil aufzuweisen hätte. Auch die formale Rechtfertigung Ihres Vorgehens haben Sie auf Grund der „maßgebenden Autorität des Religionsgesetzes" versucht, und wir haben gesehen wie kläglich dieser Versuch ausgefallen. Bei dem Versuch einer realen Würdigung meiner Entscheidung und einer realen Rechtfertigung Ihrer Gegenentscheidung ist Ihnen aber das Ungeheuerliche begegnet, daß Sie den eigentlichen Kern dieser pompösen Ankündigung gar nicht wahrgemacht. Von einer Widerlegung, ja auch nur von dem Versuche einer Widerlegung meiner Entscheidung, respektive einer Rechtfertigung Ihrer Gegenentscheidung aus den „maßgebenden Autoritäten des Religionsgesetzes" enthält Ihre offene Antwort keine Spur, und mit Allem was Sie gegen meine Entscheidung vorgebracht, haben Sie nur eine eklatante Bestätigung derselben geliefert.

Was habe ich behauptet, Herr Rabbiner, und was war die Behauptung für welche ich auf ein Paar schlagende Beispiele hingewiesen?

Ich habe behauptet, daß uns das Religionsgesetz zu einer noch größeren Entfernung von מינין ואפיקורסין als von נכרים עובדי ע"ז verpflichtet, und weil ich aus dargelegten Gründen nicht von den Menschen, sondern von dem Systeme, dem sie huldigen, sprechen wollte, sagte ich, daß uns unsere Codices zu einer weit größeren Entfernung von מינות und אפיקורסות, zu einer weit größeren Entfernung von jüdischer prinzipieller Gesetzes- und Wahrheitswidrigkeit verpflichtet, als von götzendienendem Heidenthum. Jüdische prinzipielle Gesetzes- und Wahrheitswidrigkeit ist nichts als: Abfall vom jüdischen Gesetze und jüdischer Wahrheit, nichts als Abfall vom Judenthum, und מינין ואפיקורסין sind nichts als vom Judenthum abgefallene Juden. Auf diese Thatsache, daß uns zum jüdischen Abfall vom Judenthum eine jede Annäherung in einem noch höheren Grade als zum heidnischen Gegensatz zum Judenthum verboten ist, gründete ich die Folgerung, daß daher Alles was uns in Beziehung auf עבודה זרה der Heiden untersagt ist, uns in noch höherem Grade in Bezug auf מינות der Juden unerlaubt ist. Zur Beleuchtung dieser Behauptung wies ich auf zwei schlagende Beispiele hin, auf טרפון ר', der Sabbath 116, a. ein Flüchten zur Lebensrettung in ein Haus der ע"ז, aber nicht in Häuser der מינין gestattet, weil מכניס הללו וכופרין ומבירין אין והללו וכופרין, und ebenso auf ישמעאל ר', der Aboda Sara 27, a. seinen Neffen lieber sterben ließ als ihn durch einen מין heilen zu lassen, obgleich dies durch einen עובד ע"ז zulässig gewesen wäre, und lautet das Motiv: שאני מינות דמשכא דאתי לממשך בתרייהו.

Dagegen erheben Sie nun den ganz unbegreiflichen Einwurf: ich „nähme an daß jene מינין von denen טרפון ר' spricht; noch Jehudim waren und nur blos מינות ואפיקורסות innerhalb des Judenthums huldigten," jene מינין seien aber „gar keine Jehudim mehr gewesen," seien מינין של ע"ז gewesen, „waren bereits factisch zur עבודה זרה übergetreten," ebenso sei der Arzt des ישמעאל ר' ein „Jehudi gewesen, der zur ע"ז überging." Aber, lieber Herr, das ist ja

gerade Das, was ich beweisen wollte. Ich wollte ja mit diesen Stellen
beweisen, daß ein vom Judenthum abgefallener Jude in viel höherem
Grade zu meiden sei als der als עובד ע"ז geborene Heide. Was Sie von
einem מינות ואפיקורסות innerhalb des Judenthums sprechen, ist ja im „Lichte
der maßgebenden Autorität des Religionsgesetzes" ein völliges Unding.
Ich kenne auf dem Boden des Religionsgesetzes kein מינות ואפיקורסות inner=
halb des Judenthums. Mit jedem מינות und אפיקורסות (אפיקורסיה im engeren
Sinne, worüber wir noch zu sprechen haben werden), mit jedem מינות und
אפיקורסות stellen wir uns außerhalb des Judenthums. מומר לע"ז הרי הוא מומר
לכל התורה כולה וכן האפיקורסים שישראל׃ אינן כישראל לדבר מן הדברים (רמב"ם ע"ז
ב' ה') מ' שאינו מודה בתשבע"פ וכו' הרי זה בכלל האפיקורסין וכו' והרי הוא כשאר כל
האפיקורסין והאומרין אין תורה מן השמים והמוסרין והמומרין שבל אלו אינם בכלל ישראל
(רמב"ם ממרים ג' א' ב'). Ebenso ist ja auf dem Boden des Religionsgesetzes
durchaus kein Unterschied zwischen einem מומר לע"ז, einem מומר לחלל שבת בפרהסיא
מומר לבל התורה או לרוב התורה חוץ, einem אפי' לחיאבן ואפי' ראינוהו מקיים שאר מצות
שבת בפרהסיא חילול oder auch nur מומר לדבר אחר להכעיס מע"ז, alle diese sind
מומרים לכל התורה כולה, alle diese sind als vom ganzen jüdischen Religionsgesetze
abgefallen zu betrachten (תבואת שו"ר ס"ד ב'). מין ist aber ja nur ein höherer
Grad von מומר — (eine präcise begriffliche Scheidung zwischen מין und אפיקורוס
ist sehr schwer, da der Gebrauch der Ausdrücke מין, אפיקורוס, צדוק schwankend ist
und wechselt. Siehe משנה להב zu ה' השובה ג' ז', die Unterscheidung hat jedoch
nur theoretischen Werth und ist für unsere Frage unerheblich) — מין ist der
צדוק, ist der nicht nur praktisch dem Judenthumswidrigen Ergebene, auf welcher
Stufe der מומר steht, sondern der der Judenthumswidrigkeit mit Gedanken und
Gesinnung Anhängende, weßhalb wir מינות ואפיקורסות mit: „jüdische principielle
Wahrheits= und Gesetzeswidrigkeit" erläuterten. Es leidet daher gar keinen
Zweifel, daß ebenso wie מומר לחלל שבת בפרהסיא und die anderen oben bezeich=
neten מומרים לכל התורה כולה dem מומר לע"ז völlig gleich stehen, so auch מין לחלל
שבת בפרהסיא und die מין zu den anderen obenbezeichneten Gesetzeswidrigkeiten
vollständig auf gleicher Stufe mit מינין לע"ז sich befinden. Dabei ist es ja auf
dem Boden des jüdischen Religionsgesetzes hinsichtlich der hier in Frage stehen=
den Hörigkeit zum Judenthum völlig gleichgiltig, ob der מומר oder מין לע"ז oder
der durch Hingebung an eine andere Gesetzwidrigkeit מומר oder מין gewordene, zu
einer andern nichtjüdischen Religionsgemeinschaft „übergetreten" ist oder nicht.
Auch der Jude, der die Taufe empfangen hat, ist auf dem Boden des jüdischen
Religionsgesetzes noch gerade so viel Jehudi und Nicht=Jehudi wie der מומר oder
מין לחלל שבת בפרהסיא und die anderen מומרין und מינין, die ihren Abfall von כל
התורה כולה vollzogen und ohne zu einer anderen Religionsgemeinschaft „überzutreten"

im äußeren Zusammenhang mit der Judenheit bleiben. Ein übergetretener מומר unterscheidet sich von einem nichtübergetretenen wesentlich nur darin, daß während bei diesem der gänzliche Abfall von jüdischer Wahrheit und jüdischem Gesetze sich durch seine Lebensweise constatiren muß, derselbe bei jenem sofort mit dem Akt des Uebertritts vorausgesetzt wird. (Vgl. über dieses Alles außer den bereits citirten: שחיטה ד' י"ד, גזילה י"א ו', עדות י"א ב', רמב"ם הל' רוצח ד' י', פרי מגדים ק"ב שפתי דעה ס"ק ב' לענין פתן ובנותיהם, כ"י לטור י"ד קי"ט לענין יין, ג' ח' ס"ק ב', פר"ח י"ד קי"ט ס"ק ד', ש"ך י"ד קנ"ט ס"ק ד' u. A.). Alles dies ist ja auf dem Boden des jüdischen Religionsgesetzes völlig klar und entschieden. Wo Ihnen daher bei diesem ganzen Einwurf gegen meine Entscheidung — und es ist dieses ja fast das Einzige, wo Sie mir mit der Autorität des Religionsgesetzes entgegen zu treten versuchen — wo Ihnen dabei das „glorreiche Licht der maßgebenden Autorität des Religionsgesetzes" geleuchtet, ist mir unbegreiflich. Es gab eine Zeit wo Ihnen dieses Licht ganz anders leuchtete und verweise ich Sie auf Ihre eigene verdienstliche Schrift: ספר מלאכת שמים כלל א' ס"ט ט"ו.

Auf dem oben bemerkten Unterschied zwischen מין und מומר, daß nämlich der מין dem Unjüdischen mit Gedanken und Gesinnung anhängt, beruht auch nach der Auffassung des ר"ן der Unterschied zwischen dem Arzt des ישמעאל, der ein מין ע"ז war, und einem andern עע"ז סתם. Die Heilung sollte nicht durch ein Medikament, sondern durch eine Besprechungsformel, לחש, geschehen. Bei einem מין לע"ז, der mit Gedanken und Gesinnung an ע"ז hängt, setzt man voraus, daß die Besprechung ע"ז בשם geschehe, (wie ja auch bei שחיטה und זביחה סתם durch einen מין, מחשבה לע"ז vorausgesetzt wird). Ganz dasselbe wäre es gewesen, wenn ein Anderer die Heilung mit einem ausgesprochenen לחש בשם ע"ז, oder mit einem סם, einem Medikamente hätte vollziehen wollen, das eben ausdrücklich nur ein der ע"ז angehöriges, von einem der ע"ז angehörigen Baume 2c. hätte sein sollen, wo auch die Wirkung nicht in dem Medikamente allein, sondern in dem darauf ruhenden שם ע"ז gesucht wurde. In allem Diesen ist es nicht die ע"ז, sondern die Idee, die Werthschätzung der ע"ז, das darin liegende מינות, das als das Verführerische gefürchtet wird. שאני מינות דמשכא. Siehe: רמב"ן מלחמת ד' ריטב"א, ר"ן, z. St. — רמב"ם ז' ב' הל' רוצח ושמירת נפש, und ebenso בעל המאור fassen sogar die dortige ברייתא, אין מתרפאין מהן אפי' לחיי שעה nach dem einfachen Wortlaut auf, daß jede Heilung von einem מין ואפיקורס unerlaubt wäre, אסור להתרפאות מן האפיקורוס שמא ימשכו אחריו, was aber in י"ד קנה nicht recipirt ist. Wenn Sie aber meinen, es sei in den מינין des ר' טרפון keine Parallele mit den Reformern unserer Zeit zu finden, weil jene sich nicht damit begnügten, für sich allein מינין und אפיקורסין zu sein, sondern „sie auch Andere zu bethören suchten, zu welchem Zwecke sie sich sogar ספרי תנ"ך und andere ספרי ויכוח schrieben, um

ihr ש״ץ של מינה daraus zu deuteln und darstellen zu können": so ist das doch
wiederum, Herr Rabbiner, eine vollständige Gedankenlosigkeit! Ist nicht die
Reform unserer Zeit vom Anfang ihres Entstehens und Bestehens an als eine
Propaganda für ihr מינות und אפיקורסות aufgetreten? Hat die Reform
nicht eine ganze Literatur של מינות? Sind die Schriften eines Geiger, eines
Holdheim ꝛc ꝛc keine ספרי מינות של ויכוח? Ist das von Geiger verfaßte Ge‑
betbuch der hiesigen „Hauptsynagoge" nebst Vorrede kein ספר מינות? Bewegen sich
die Predigten der Reformer nicht in Umdeutungen von תנ״ך und unseres anderen
Schriftthums um ihre Hörer zum מינות zu bethören, im מינות zu bestärken? Sind
vor Allem die Schulen der Reform, in ihren die Jugend mit eigenem Beispiel
חילול שבת und אכילה מאכלות אסורות lehrenden Lehrern, mit ihrem Religionsun‑
terricht, mit Allem was dieser lehrt und was er nicht lehrt, in welchem neun
Zehntel des Religionsgesetzes als nicht mehr zu beachtende Ceremonialgesetze
übergangen oder bei Seite geschoben werden, sind das keine Propaganda=An‑
stalten zur Bethörung der Jugend zu מינות und אפיקורסות? Soll ich Ihnen
noch erst den Leiter einer solchen Schule nennen — er lebt nicht mehr — der
seine bei ihm eingeladenen Schüler und Schülerinnen mit Schinkenbrödchen
traktirte? Soll ich Ihnen den jüdischen Handwerkerverein erst noch nennen —
es ist nicht der hiesige — dessen Vorstand sich's zum Gesetz machte seine Lehr‑
linge nur bei nichtjüdischen Meistern mit ausbedungener Verpflichtung zum חילול
שבת unterzubringen, dessen erste Handlung bei Empfang eines bei ihm eintreten‑
den schüchternen Knaben vom Lande darin bestand, daß er ihm Rock und Weste
öffnete um zu sehen ob er ein ארבע כנפות trug, und wenn ein solches vorhanden
war, es ihm auszuziehen gebot? Oder den von einem jüdischen Leiter einer
öffentlichen Schule in meiner Vaterstadt gegründeten Verein — ob er noch be‑
steht weiß ich nicht — zur Unterbringung jüdischer Köchinnen und jüdischer
Hausknechte in christliche Häuser mit der ausgesprochenen Tendenz die Amalga‑
mirung der beiden Confessionen zu fördern? Soll ich Sie denn erst noch an
die der Legalisirung und Propagirung der Reform gewidmeten Rabbinerversamm‑
lungen und Synoden erinnern müssen, oder immer wieder und wieder an die
fanatische Verfolgung, die das gesetzestreue Judenthum während fast eines hal‑
ben Jahrhunderts von den hiesigen Reformern zu erdulden hatte, oder an die
Geldstrafen, die Concessions=Entziehungs=Androhungen, die Synagogenschließ‑
ungen, die Heiducken=Peitschen ꝛc, mit denen anderwärts die Reform unserer
Zeit sich Bahn zu brechen hoffte? Und wenn wir von allen diesen eklatanten
Vorgängen schweigen wollten, wie Viele unter den heutigen משכילים sind es denn,
die sich mit ihrem eigenen Abfall vom jüdischen Religionsgesetze begnügen, und
nicht im Kreise ihrer Verwandtschaft, Bekanntschaft und Freundschaft Propa‑

ganba für die Reform machen, und insbesondere die jungen Söhne und Töchter unserer Zeit durch Ironie, durch Bewitzeln und Bespötteln ihrer religiösen Ge=
wissenstreue zum Abfall von dem jüdischen Religionsgesetze zu bewegen suchen? Weiß Gott, es schmerzt mich tief auf diese Charakteristik der zeitgenössi=
schen Reformer eingehen zu müssen. Meine Entscheidung hat mit diesem Allen, mit den Menschen, mit den Reformern ja nichts zu thun. Meine Entscheidung gilt ja nur dem Zusammenhang mit der Reform, nicht aber mit deren Bekennern, den Reformern, mit dem מינה ואפיקורוסות, nicht mit den מינין ואפיקורסין, eine U n t e r s c h e i d u n g   die ich wiederholt und wiederholt hervorgehoben habe, d i e   S i e   a b e r   v ö l l i g   u n b e a c h t e t   g e l a s s e n   u n d   d a m i t — worauf ich noch zurückkommen werde — I h r e r   g a n z e n   E n t g e g n u n g   d e n   B o d e n e n t z o g e n   h a b e n.

Sie aber, die Sie die ganze Frage aus dem sachlichen Gebiete in das rein persönliche Gebiet hinüber gespielt haben, Sie haben mich gezwungen auf eine Charakteristik der zeitgenössischen Reformer und ihrer Bestrebungen, wenig=
stens skizzenweise, einzugehen und darauf hinweisend Sie zu fragen: und über diese offenkundigen Vorgänge wollen Sie das Auge zudrücken, wollen in unserer heutigen Reform ein so harmloses Kind erblicken und es für „unbegreiflich" erklären, wenn ich in den מינין des ר' טרפון eine „Parallele" zu unseren heutigen מינין finden wollte?

Was aber die Sätze הרחק מעליה דרכך und ישבון לא באיה כל (ע"ז ד' י"ז) betrifft, aus welchen, wie Sie meinen, „wiederum klar das G e g e n t h e i l   m e i =
n e r   B e h a u p t u n g" hervorgehen soll, weil רש"י erklärt: מינות צועקת הבא הקרובה (dies ist רש"י's Erklärung zu העלוקה וכו', nicht aber zu den in Frage stehen=
den Stellen), und שבין אין כמינה שנואבין אחר המחמירין כל, לא ישובון, somit auch diese Sätze nur von לע"ז מינין und zwar von zur ע"ז faktisch übergetretenen Ju=
den reden: so gilt zuerst auch von diesem Einwurf ganz dasselbe was ich bereits zu den vorgehend besprochenen Stellen bemerkt und nachgewiesen habe. S i e b e w e i s e n   g r a d e   D a s,   w a s   i c h   v o n   d e r   n o c h   g r ö ß e r e n   E n t f e r n u n g b e h a u p t e t   h a b e,   d i e   u n s   d a s   G e s e t z   h i n s i c h t l i c h   v o m   J u d e n t h u m a b g e f a l l e n e r   J u d e n   im Vergleich mit im Heidenthum Geborenen aufer=
legt. Daß aber zwischen לע"ז ומימר מין und שבה הלל ומומר מן und ebenso zwi=
schen „übergetretenen" und „nichtübergetretenen" מינין das jüdische Gesetz in die=
ser Beziehung gar keinen Unterschied kennt, haben wir ebenfalls bereits einge=
hend bemerkt. Allein Ihre Auffassung dieser Stellen ist nicht einmal begründet. Lesen Sie die ganze Verhandlung im Zusammenhange למינה ר"א כשנתפס ה"ד u. s. w., וכו' דאתאי ההיא והא ממינה בייה הפורש רבל למימרא לא באיה כל und selbst כמינה טובא בה דאביק כין נמי ההם וכו' דורדיא בן ר"א על אמרו והגניא לא וביכירה

דמייה: so werden Sie sich selber sagen, daß hier keineswegs nur von מינות לע״ז, am allerwenigsten von „Uebertritt und zur ע״ז Uebergetretenen" die Rede ist. Schon das דבר מינות, dessen הגאה, nach ר״י'ש Erinnerung, sich ר״א zu einer so schweren Versündigung anrechnete, war kein דבר מינות של ע״ז, war ein unfläthiger Witz über eine Gesetzesbestimmung, und die הגאה, die er von diesem מינות= Witz gehabt, והגאני הדבר ע״י זה נתפסתי למינות, rechnete sich ר״א so schwer an. Zu dieser הגאה an einem דבר מינות war er allerdings gekommen indem er die Warnung הרחק מעליה דרכך כבר איש סבניא יעקב nicht beachtet und sich mit dem, der vielleicht ein מין של ע״ז gewesen sein mag, was aber aus der Sache selbst gar nicht erwiesen ist, eingelassen hatte. הוספו' vermuthet nur aus der Namensähnlichkeit, daß es der Arzt des Neffen des ר' ישמעאל gewesen sein möge. Noch mehr aber geht dies aus der Verhandlung über die vor ר' חסדא gekommene Frau hervor, die unmöglich eine zur ע״ז „Uebergetretene" gewesen sein kann. Das מינות wird ja bei ihr nur vorausgesetzt, מכלל דמינות נמי הויא בה, war also kein in der Oeffentlichkeit kund gewordenes. Auch das von ר״א בן דורדיא ausgesagte: כיון דאביק בה טובא במינות דמיא dürfte darauf hinweisen, daß jedes starke, innige Anhangen an eine עבירה zum מינות werden kann. Wird doch auch sonst der Begriff מין durch כ׳ ארוק erläutert.

In der That faßt auch ה' ע״ז ב' ה' הל' רמב״ם den Ausspruch כל באיה לא ישובן ausdrücklich nicht nur von ע״ז של מינין auf. Es heißt dort: בוכר לע״ז הרי הוא מומר לכל התורה כולה, וכן האפיקורסים מישראל (פ" כ״מ: אע״פי שאינן עובדים ע״ז) אינו כישראל לדבר מן הדברים ואינן מקבלין אותן בתשובה לעולם (ע״ש ב״חם משנה) שנא' כל באיה לא ישובון ולא ישיגו ארוחות חיים. והאפיקורסים (פ" כ״מ: האפיקורסים שאני מזכיר כאן אינם האפיקורסים הנזכרים בהל' תשובה שאותם כופרים באלהות והיינו מזמר לע״ז ואותם מקבלין אותן בתשובה אבל האפיקורסים הנזכרים כאן) הם הררים אחר מחשבות לבם בסכלות דברים שאמרנו עד שנמצאו עוברים על גופי תורה להכעים בשאט נפש ביד רמה ואומרים שאין בזה עון. ואסור לספר עמהן ולהשיב עליהן השובה כלל שנא' אל הקרב אל פתח ביתה אפיקורס (לפי הל״מ צ״ל הרחק מעליה דרכך ע״ש). Mit den דברים שאמרנו, welche den zum אפיקורס machen, weist רמב״ם auf das dass. הל' ז' Gesagte hin. Dort heißt es: ולא ע״ז בלבד הוא שאסור להפנות אחריה במחשבה אלא כל מחשבה שהוא גורם לו לאדם לעקור עיקור מעיקרי התורה מוזהרין אנו שלא להעלותה על לבנו ולא נסיח דעתנו לכך ונחשוב ונמשך אחר הרהורי הלב מפני שדעתו של אדם קצרה ולא כל הדעות יכולין להשיג האמת על בוריו ואם ימשך כל אדם אחרי מהשבות לבו נמצא מחייב את העולם לפי קוצר דעתי. כיצד פעמים יהור אחר ע״ז ופעמים יחשוב ביחוד הבורא שמא הוא שמא אינו מה למעלה מה למטה וכו' ופעמים בנבואה שמא היא אמת שמא אינה ופעמים בתורה שמא היא מן השמים שמא אינה ואינו יודע המדות שידין בהם עד שיודע על בוריו ונמצא יוצא לידי מינות ועל ענין זה הזהירה הורה ונאמר בה ולא תחורו אחרי לבבכם ואחרי עיניכם אשר אתם זונים. כלומר לא ימשך כל אחד אחר דעתו הקצרה וידמה שמחשבתו משגת האמת

— 31 —

בך אמרו חכמים אחרי לבבכם זו מינות ואהרי עיניכם זו זנות עכ"ל. Es ist hieraus mit
Entschiedenheit erwiesen, daß nach רמב"ם das ישבון לא באיה כל und das הרחק
מעליה דרכך nicht von לעז מיני und nicht von nach Ihrem Ausdruck außerhalb
des Judenthums (sollte richtiger heißen: der Judenheit) hinaus und übergetre=
tenen מינן und אפיקורסין spricht, sondern von innerhalb der Judenhei
vorhandenen, die durch irgend welche Gedankenverirrung zur
Verleugnung jüdischer Grundwahrheiten und dadurch zur
grundsätzlichen Uebertretung göttlicher Gesetze gelangt sind in=
dem sie ohne Scheu erklären, es geschehe damit gar kein Unrecht.
התרים אחר מחשבות לבם בסכלות דברים שיאמרו עד שינצאו עוברים על גופי חורה להבעים
בשאט נפש ביד רמה ואומרים שאין בזה עון. Es ist ganz das מינות und אפיקורסת, das wir
dem ganz entsprechend mit: „prinzipieller jüdischer Wahrheit= und Gesetzeswid=
rigkeit" erläuterten. (Wenn רמב"ם daf. ה' zum Schlusse sagt: ומחשבה של אפיקורום
לעז, so kann dies nach allem Vorhergehenden nicht in dem Sinne gemeint sein,
wie Chulin 13, a. שחיטה מן לעז weil מהם מחשבה מן לעז, ein Satz, den ja auf=
fallender Weise, wie schon ס"ק ב' שור ש'; הבאת bemerkt, רמב"ם in הל' שחיטה nicht
aufführt, wie er denn auch zu dem Satz (הל' יסודי הורה ס"ח שחבו מין ישרף 6,
8.) nicht diesen Grund als Motiv angiebt ע"ש. Sondern es kann nur heißen:
die אפיקורוס=Gesinnung selbst gehört zu ע"י oder ist ע"י gleich). So faßt es auch
שור בכור ב' ו' כ' zu auf. Ohnehin dürfte לעז"ד ein Unterschied sein zwischen
מחשבה מן לעז und מהם מן לעז מחשבת מן לעז. Jenes spricht die Voraussetzung
aus, in welcher Gesinnung eine bestimmte Handlung eines מין geschieht. Dieses
sagt: die Denkungsweise eines מין gehört zur ע"י, und dürfte überhaupt nur
das Motiv andeuten sollen, weshalb hier מינין unter הל' ע"י behandelt werden.
Ebenso wie dies am Schlusse der folgenden הלכה hinsichtlich מגדף bemerkt wird.)

Es ist damit aber auch zugleich erwiesen, daß solches מינות und אפיקורסת
noch tiefer steht als מהם ע"י, somit eine הרחקה von solchen מינין und אפיקורסין
noch in höherem Grade als von ע"י מהם, jedenfalls als von עכו"ם נכרים geboten
ist, ein Satz, der ja auch schon aus dem oben citirten רמב"ם הל' כמרים פ"ל א' ב' und
הל' עדות י"א ו' mit Entschiedenheit hervorgeht, und ist ja überhaupt der Satz: daß
מינות, und zwar nicht nur מינות של ע"י, sondern jedes aus der כפירה anderer מצוה oder
anderer אמונה עיקרי hervorgegangene מינות noch tiefer verpönt, noch חמור als ע"י ist,
dieser Satz, den ich meiner איסור=Entscheidung als Fundamentalsatz zu Grunde
gelegt, ein im Talmud durchaus begründeter, unbestrittener und unangreifbarer
Satz, dessen Wahrheit Ihrer talmudischen Gelehrsamkeit gewiß nicht entgangen ge=
wesen sein kann. So äußert sich auch רמב"ם in seinem מאמר קדוש השב (Siehe die
Leipziger Sammlung אגרות דף י"ג א' :) למינות נתפס אליעור שר' כן כמו המהמפורסם
אשר הוא יוחר קשה מע"ז וזה שהטמינים יהוצצו בדהות ואמרו אול המתעסק בהם משוגע

הלמד אותם והם יבטלו הנבואה לגמרי והיה ר' אליעזר ידוע גדול בחכמות וכו' וכו' והנה ככר
התבאר לך שר' אליעזר הראה להגמון שהוא מין ולבו מסור לשמים ומינות גדול מע"ז כמו
שהתבאר בכל התלמוד וכו'. Es ist somit nach רמב"ם der Satz, daß das Reli=
gionen verspottende, Religionsgesetzeslehre verachtende, Prophetie leugnende מינות,
wie überhaupt מינות, eine viel schwerer und tiefer verpönte Verirrung als ע"ז ist,
ein im Talmud durchaus allgemein und unbestritten dastehender Satz, und habe
ich gerade diese Stelle ausgezogen, um zugleich zu zeigen, daß auch רמב"ם die
Stelle ע"ז א"י ausdrücklich nicht von מינין ומינות של ע"ז, noch weniger von zu ע"ז
„übergetretenen" מינין auffaßt, daß daher Ihr schulmeisterliches: „das ist falsch",
„das spricht von etwas Anderem!", das Sie mir entgegenherrschen, den רמב"ם
ebenso wie mich trifft, und kann ich es mir schon gefallen lassen, mit dem רמב"ם
auf Eine Schulbank gesetzt zu werden*). Damit bricht aber Alles zu völliger
Nichtigkeit zusammen, was Sie in solchem pompösen Styl gegen meine
Behauptung, מינות ואפיקורסות sei ärger und noch in höherem Grade zu meiden
als götzendienendes Heidenthum, und die dafür gegebenen Beweise vor=
gebracht haben. Was Sie unter'm glorreichen Lichte der maßgebenden Au=
torität des Religionsgesetzes geschrieben zu haben versichern, verträgt das gewöhn=
liche Tageslicht nicht.

Diese durchaus unangreifbare Wahrheit des Fundamentalsatzes meiner
איסור-Entscheidung von der noch größeren Schwere des מינות als ע"ז war Ihrer
talmudischen Gelehrsamkeit sicherlich nicht entgangen. Wäre es Ihnen daher bei
Abfassung Ihrer offenen Antwort um Wahrheit, um wissenschaftliche und reli=

---

*) Ich kann mich nicht enthalten auf diese vom רמב"ם gegebene Auffassung des Vorganges
mit ר א noch besonders aufmerksam zu machen, indem dadurch dieser Vorgang selbst in das ge=
eignete Licht gesetzt und zugleich die sonst schwer zu erklärenden Worte: וכן שנמסתך עסוק בדברים
בטלים הללו zum klaren Verständniß gebracht werden. מינות, der geistige Gegensatz zu jüdi=
scher Wahrheit und jüdischem Gesetz, tritt natürlich in größter Mannigfaltigkeit in die Erscheinung.
Aus den eben citirten Worten des רמב"ם schloß, daß die מינין, in deren Gewalt ר"א ge=
rathen war, Verächter alles Religiösen überhaupt gewesen sein müssen, die auch den
vermeintlich unvereinbaren Gegensatz der Wissenschaft zur Religion suhten. ר"א war
als wissenschaftliche Größe bekannt והיה ר"א ידוע גדול בחכמות, daher sagten sie zu ihm,
ואמרו איך תהיה במדרגה החכמה אל מה שהביאהו ותאמין בדת d. h.: „wie kannst du auf
der Höhe der Wissenschaft mit deren Consequenzen stehen und an Religion glauben!" Dies
ist eben nichts als der Sinn der Worte: שנמסתך עסוק בדברים בטלים הללו! Daraus er=
klärt sich auch ר"ע's zutreffende Vermuthung. ר"א war untröstlich darüber, daß er seine Rettung
dem Scheine einer Zugehörigkeit zu Religions=Spöttern verdankte. Weshalb ר"ע die
Vermuthung wagte: שמא דבר מינות בא לידך והנאך הדבר ועליו נתפשת למינות (So ist die
Lesart in ע"י). „Vielleicht ist dir einmal ein Religion verspottendes מינות-Witzwort zu Händen
gekommen und der Witz hat dir gefallen, und darum bist du nun in die Hände dieser מינין ge=
rathen." Und in der That hatte ר"ע das Rechte getroffen. Wir haben aber somit hier ein
uraltes Beispiel von dem מינות der allerneusten Zeit, das ja den Gegensatz von
Wissenschaft und Religion zur allgemeinsten Devise hat.

gionsgesetzliche Wahrheit, und nicht um Rechthaberei vor den Augen der Unkundigen zu thun gewesen, Sie hätten — wären selbst die paar Beweise, die Ihr Gegner rein blos beispielweise für seinen Fundamentalsatz angeführt, so irrthümlich und hinfällig als sie wahr und unanfechtbar sind — doch diesen seinen Fundamentalsatz als im ganzen Talmud als wahr und zu Recht bestehend erklären müssen. Allein darum war es Ihrer offenen Antwort überall nicht zu thun, und da Sie gegen den Fundamentalsatz Ihres Gegners auch nicht einmal den Schein eines Angriffs wagen konnten, versuchten Sie einen solchen Scheinangriff gegen seine paar Beispielsätze, um damit in den Augen Unkundiger den Schein zu gewinnen, als hätten Sie damit das Fundament seiner Entscheidung erschüttert. Wie auch dieser Angriff gegen meine paar Beispielsätze ein gänzlich mißglückter ist, habe ich erwiesen.

Allein die Sache liegt ja noch ganz anders. Diese Ihre ganze Polemik gegen meine Behauptung von dem Verhältniß von מינות ואפיקורסות zu ע״ז berührt ja nicht im Mindesten den Kern der Frage, über die wir differiren. Wären selbst Ihre Deduktionen so richtig wie sie unrichtig sind, wäre Ihr schulmeisterliches: das ist falsch! das spricht von ganz Anderem! so begründet, wie es selbst die schulmeisterliche Zurechtweisung verdiente, wäre meine Behauptung von dem חומר und der הרחקה יתירה מטמיות ואפיקורסות in Vergleich zu ע״ז so nichtig als sie tief begründet und unantastbar ist: was wäre damit gewonnen für Ihre היתר-Entscheidung gegen meine איסור-Entscheidung des Nichtaustritts aus der hiesigen Reformgemeinde?

Sie geben ja selbst S. 12. zu, daß das Reform-System der hiesigen Reform-Gemeinde das ausgesprochenste מינות ואפיקורסות ist, das „jeder Jehudi als unausgleichlichen Gegensatz mit תורתנו הקדושה bezeichnen und mit tiefstem Abscheu verwerfen muß", und hatten Sie daher auch ja, ganz mit mir übereinstimmend, S. 14. den Austritt aus einer solchen Reformgemeinde als die Verpflichtung eines jeden orthodoxen Juden ganz entschieden anerkannt, und ich möchte wohl wissen, auf welche andere Basis Sie diese Verpflichtung aus פוסקים ש״ס begründen wollten, als darauf, daß wir uns mindestens ebenso von מינות ואפיקורסות wie von ע״ז fern zu halten haben, daß ich daher mindestens ebensowenig einer מינות ואפיקורסות-Gemeinde angehörig bleiben darf, wie mir nicht gestattet ist mich zu einer ע״ז-Gemeinde zu zählen.

Darin stimmen wir also ja beide völlig überein, und darüber, über das Verpönte und die gebotene Entfernung von מינות und אפיקורסות, war ja eine jede Discussion völlig überflüssig.

Der durchaus einzige Punkt, der zwischen uns streitig ist, ist ja nur der:

3.

Ich habe meine איסור-Entſcheidung ſelbſt n a ch den ſogenannten Zu=
geſtändniſſen des Reform=Gemeinde=Vorſtandes aufrechtgehalten, habe in dieſen
Zugeſtändniſſen nur noch ein Motiv mehr für die Austrittspflicht erkannt.

S i e haben durch dieſe Zugeſtändniſſe die Sachlage völlig verändert
erklärt, ſo daß Das, was v o r dieſen Zugeſtändniſſen jeder Jehudi, nach Ihrem
eigenen Ausdruck, „mit tiefſtem Abſcheu verwerfen", und von ihm mit Entſchie=
denheit durch Austritt ſcheiden mußte, n a c h dieſen Zugeſtändniſſen und d u r ch
dieſe Zugeſtändniſſe all das zu „Verabſcheuende" und zu „Verwerfende" verlo=
ren, und ein ſo mildes Etwas geworden, daß nunmehr ein jeder Jehudi mit
ruhigem Gewiſſen damit im Zuſammenhange bleiben dürfe, und der Nichtaus=
tritt, der zuvor entſchieden אסור geweſen, nunmehr ebenſo entſchieden מותר ge=
worden ſei.

Statt daher Ihre „glorreiche" Polemik auf rein Nebenſächliches zu wer=
fen, das gar nicht mehr in Frage ſteht, hätten Sie dieſelbe vor Allem auf
dieſen Einen Punkt, — den E i n z i g e n ja, von welchem Ihr oder mein Un=
recht abhängt, richten ſollen, hätten an der Hand von ש"ס und פוסקים — (Sie
heben ja dieſes: und פוסקים! wiederholt mit Ausrufungszeichen=Bayonetten her=
vor, ſo daß der Unkundige Wunder meinen und ſagen ſollte: da iſt der H i r ſch
einmal tüchtig aus ש"ס und פוסקים heimgeleuchtet worden!) — mir meinen טעות
n a ch w e i ſ e n, an der Hand von ש"ס und פוסקים meinen איסור des Nicht=
austritts t r o tz der Zugeſtändniſſe und Ihren היתר des Nichtaustritts in F o l g e
der Zugeſtändniſſe b e w e i ſ e n ſollen: dann hätten Sie Etwas zur Rechtferti=
gung Ihres פסק's geleiſtet. Das haben Sie aber gar nicht einmal verſucht,
weil für einen ſolchen Verſuch von vornherein auch nicht einmal der Schein
eines Gelingens vorhanden war, und wiſſen für Ihren Widerſpruch gegen m e i=
n e n פסק nichts als eine rein aus der Luft gegriffene, in der Luft ſchwebende
סברא vorzubringen, die Sie in ſehr billiger Taktik, als ſelbſtverſtändlich, als
Etwas „das wohl eigentlich von ſelbſt einleuchtet", erklären, und zu deren Be=
gründung Sie auf nichts Anderes als auf eine השגה הראב"ד und eine „geheim=
nißvolle" מחשבה מהרי״ל hinweiſen, die aber, wie wir ſehen werden, nicht das
Mindeſte zum Erweiſe Ihres Rechtes beitragen.

Dieſes e i n z i g e gegen meine איסור-Entſcheidung von Ihnen ins Treffen
geführte Argument lautet alſo:

Nachdem Sie das Syſtem der hieſigen Reformgemeinde als das „aus=
geſprochenſte בית und אפיקורסות" und zwar als ein ſolches erklärt, das „jeder
Jehudi als unausgleichlichen Gegenſatz mit הורתנו הקדושה bezeichnen, mit tiefſtem
Abſcheu verwerfen, mit dem bitterſten Schmerze empfinden muß", fahren Sie
alſo fort (S. 12.):

„Dieses System aber erreicht den wahren Höhepunkt des Gegensatzes zu תורתנו הקדושה, den wahren Höhepunkt der Verwerflichkeit, den wahren Höhepunkt des zu erregenden Schmerzes, wenn dasselbe nicht etwa aus der Quelle der Unwissenheit, des falschen oder irrigen Verständnisses der Thora fließt und daher nicht als Ableugnung derselben hätte angesehen werden können, sondern aus der trübsten Quelle des Unglaubens und der absichtlichen freventlichen Ableugnung der Thora, also להבעיס, geschieht. Diese letzte Art ist das ואפיקורסות מינות in seiner wahren, erschütterndsten und gefährlichsten Bedeutung." „Wo (S. 13.) die Quelle nicht Unverständniß und dergleichen, sondern freventliches Ableugnen ist, da tritt der Charakter des להבעיס, des מסיה ומדיח, in seiner verwerflichsten Gestalt hervor."

„Die Probe aber bezüglich einer Reformgemeinde und resp. deren Vorstand, ob solche der ersten oder zweiten Kategorie angehören, wird wohl u. A. sehr leicht zu ermitteln sein, und zwar: Wenn dieselben nach Mitteln und Verhältnissen in der Lage wären, ihren orthodoxen Gemeindemitgliedern gerecht zu werden, für dieselben alle für einen gläubigen Israeliten unerläßlichen Institutionen zu gründen und zu unterhalten, dies aber unterlassen, so hat eine solche Reformgemeinde und resp. deren Vorstand sich selbst das Zeugniß ausgestellt, daß sie nicht auf dem gläubigen Boden sich befinden und nur einer von der Orthodoxie abweichenden Auffassung der Thora huldigen, sondern daß sie factisch diese Thora-Grundlage leugnen, und dieses Leugnen-System Andersdenkenden, der Thora-Wahrheit Huldigenden, gegenüber beharrlich durchzuführen sich bestreben. Denn wäre dies nicht der Fall, so müßte sie doch mindestens der Rechtssinn veranlassen, auch der Auffassung der Andersdenkenden die gebührende Berücksichtigung zuzugestehen. Eine solche Gemeinde und resp. deren Vorstand hätten sich daher das Prädikat von להבעיס, von מסיה ומדיח, selbst zugezogen."

Indem aber (S. 17) der hiesige Reform-Vorstand die „religiösen Ansprüche der Orthodoxen als zu Recht bestehend nicht nur anerkennt, sondern sogar die Ausführung derselben bewilligt; er will also nicht den Orthodoxen gegenüber die strenge und heilige Thoraverbindlichkeit ableugnen, er will deren Ausführung nicht nur nicht behindern, sondern vollständig fördern — so unverantwortlich, verwerflich und die heiligen Thora-Grundsätze auf's Tiefste verletzend, sein Verfahren durch das Sichbekennen zur Reform und sein Mitwirken zu deren Ausführung auch unbestreitbar immer ist — so verwahrt er sich durch obiges Zugeständniß dennoch, daß er nicht als להבעיס als מסיה ומדיח erscheinen will". Daher ist der Austritt aus der hiesigen Reformgemeinde nicht mehr geboten.

Bevor ich in eine Würdigung dieser Ihrer Argumentation eingehe, halte ich es denn doch nicht für überflüssig, Ihrer, die Ansichten über einen Cardinal-

Punkt der jüdischen Wahrheit leicht verdunkelnden Deklamation ein paar nüch=
terne Sätze zur Orientirung über Das entgegenzustellen, was denn nach dem
Diktate des jüdischen Gesetzes **Abfall vom Judenthum** heißt. Derselbe
wird durchaus nicht erst mit Verleugnung der Göttlichkeit der **ganzen Thora**
vollzogen. Ausdrücklich heißt es Sanhedrin 99, a.: כי דבר ה' בזה זה האומר אין
תורה מן השמים ואפילו אמר כל התורה כולה מן השמים חוץ מפסוק זה שלא אמרו הקב"ה אלא
משה מפי עצמו ואפי' אמר כל התורה כולה מן השמים חוץ מדקדוק זה מק"ו זה מגז"ש זה
בזה הוא כי דבר ה' בזה d. h.: „Ein Verächter des Gottes=Wortes ist nicht nur Der,
der die Göttlichkeit der ganzen Thora leugnet, auch wer die Göttlichkeit der ganzen
Thora bekennt mit Ausnahme **Eines Verses**, der nicht von Gott sondern von
Moses allein herrühre, ja auch nur mit Ausnahme **Einer Nüance**, **Eines ק"ו**,
Einer ג"ש, von Dem heißt es: כי דבר ה' בזה ואת מצותו הפר." Somit ist **Der=
jenige, der auch nur die Göttlichkeit Eines Satzes, Eines Satz=
theils der Thora leugnet, dem Leugner der Göttlichkeit der
ganzen Thora gleich.** (Siehe רמב"ם פ"ה הל' תשובה). Ebenso wer prak=
tisch auch nur **Ein Verbot** להכעיס, dem Gesetze zum Trotz, oder aus Leug=
nung der Göttlichkeit und Verbindlichkeit dieses Einen Verbotes übertritt, ist
מי לכל התורה כולה und נכרי vor dem Gesetze. (Siehe שו"ע י"ד
ס"ב ב'). Ja, es kann Einer die Göttlichkeit der ganzen Thora glau=
ben, und doch durch seine **unjüdische Lebensweise** den Charakter
„**Jude**" vor dem Gesetz verloren haben und כנכרי darstehen. Ausdrücklich heißt
es im לא חלקו בין יתיאבון להכעיס אלא בשאר מצוה אבל ע"ז : ב' לטיר י"ד סוף ס' רס"ה
שהמודה בה ככופר בכל התורה כולה וכו' המהלל שבת בפרהסיא הרי הם כגוים ברא"יה ב"ק
דהולך לכל התורה כולה אפי' שור. Daher lehrt auch שור חבואת das., daß auch
לתיאבון הוא נכרי. Siehe das. ס"ק ב".
Nach dieser für die Klarstellung und Klarerhaltung unserer Frage nicht
ganz überflüssigen Vorbemerkung komme ich zur Würdigung Ihrer Argumen=
tation.

Diese Ihre ganze Argumentation ist ein solches Gewebe von Denk=
widrigkeiten, von Verstößen gegen' die wissenschaftliche Wahrheit und that=
sächliche Wirklichkeit, eine solche das System mit dessen Bekennern מינות ואפיקורסות
mit מינין ואפיקורסין, durcheinanderwerfende Gedankenlosigkeit, daß ich mich
darauf beschränken muß, nur das Wesentliche, für unsere Frage Entscheidende
hervorzuheben.

Von allem überflüssigen pathetischen Beiwerk entkleidet, in den nüchternen
Gedanken=Ausdruck gebracht, sagt dieselbe:

Das System einer Reformgemeinde, die, wie die hiesige, (S. 12) „aus
ihrem Gebetbuche Alles **grundsätzlich** entfernt hat, was an einen persönlichen

משיח, an גליוה קביץ, an Wiederherstellung des בית המקרש, an סדר עבודה in der Vergangenheit und Zukunft erinnert, und auch aus ברכת המזון ארץ ברית וכלכות ביח דוד gestrichen hat, deren Kanzel und Schule die Antiquirung der מצות התורה והוקיתה predigen und lehren, und die diese Grundsätze auch in der Gestaltung ihrer anderen Institutionen bethätigt," ist nur dann ein solches מינות ואפיקורוסות, respective sind deren Bekenner nur dann solche מינין ואפיקורוסין, aus deren Religionsgemeinschaft — und nur von einer solchen handelt es sich ja — auszutreten einem jeden orthodoxen Juden geboten ist, wenn dieses מינות ואפיקורוסיה=System, resp. das Bekenntniß dazu, aus der Quelle des Unglaubens und der absichtlichen, freventlichen Ableugnung der Thora hervorgegangen und den Charakter להבעיס und מסיח ומריח trägt.

Wenn aber das System und das Bekenntniß dazu aus Unwissenheit aus falschem oder irrigem Verständniß der Thora, aus Unverständniß und dergleichen hervorgegangen und daher nicht als Ableugnung derselben angesehen werden kann, so sei der Austritt nicht geboten

Durch das Zugeständniß, כשרות=Institutionen für die Orthodoxen errichten zu wollen, bezeugt aber der hiesige Reformvorstand, daß er den Orthodoxen gegenüber die strenge Verbindlichkeit der Thora nicht ableugnen, nicht als להכעיס, als מסיח ומריה erscheinen wolle. Daher gehört die hiesige Reformgemeinde zur zweiten Kategorie, aus welcher auszutreten nicht geboten sei.

Dagegen habe ich zu bemerken:

Zuerst: Wenn Jemand Grundwahrheiten des Judenthums, עיקר מעיקרי תורה, (wie die obenbezeichneten, in denen sich das Reformsystem der hiesigen Reformgemeinde befundet), verleugnet und in Folge dessen die Uebertretung der göttlichen Gesetze gar nicht für ein Unrecht hält, diese Uebertretung vielmehr als etwas völlig Erlaubtes muthwillig und grundsätzlich übt, der gehört zu den מינין ואפיקורוסין, von denen gesagt ist, ביתה פתח אל תקרב אל חרכך מעליה הרחק, mit denen somit in irgend welcher Religionsgemeinschaft zu bleiben entschieden verboten ist, gleichgiltig auf welchem Wege sie zu solcher Leugnung und grundsätzlichen Gesetzübertretung gekommen sind. Das ist aus den oben aus 'ה ג' פ'ב ה'ל' ע'י רמב"ם vollständig ausgezogenen Sätzen entschieden erwiesen. Ausdrücklich zeichnet רמב"ם dort diese אפיקורוסין als auf dem Wege von Irrthümern, von Gedankenverirrungen לעקור עיקר מעיקרי תורה und in Folge dieser Verirrungen עד שנמצאו עוברים בכבלוח דברים שאמרנו dahin gekommen — על גופי תורה, sind die גופי תורה בזה כזה שאין רמה ואומרים ביד נפש בשאט להבעיס תורה גופי על, welche den concreten Inhalt, die concreten Gegenstände der תורה bilden, siehe משנה zur רמב"ם und הן אלו גופי תורה, אלו ואלו גופי תורה: הגיגה י"א כ'. — Es ist daher klar, daß unsere Reformer, die auf Grund der Verleugnung von Grundwahrheiten die göttlichen Gesetze als sie nicht mehr verpflichtend übertreten und eine solche Uebertretung n i ch t n u r n i ch t a l s S ü n d e, nicht als עון, sondern als מצוה, als v e r d i e n s t l i ch e n F o r t s ch r i t t betrachten und preisen, der vom רמב"ם beschriebenen Kategorie מין ואפיקורסים angehören, selbst wenn sie zu dieser כפירה und diesem מינה durch Gedankenverirrung, durch Unverständniß oder Mißverständniß der Thora gekommen w ä r e n. Auch צדוק וביסיס, diese Urahnen aller מין und אפיקורסים, waren zu ihrem מינות nur durch die irrthümliche Auffassung eines Ausspruchs ihres Lehrers איש כיכו אנטיגנוס gekommen. Auch אלישע בן אביה, dieses Prototyp aller מינין, war zu seinem מינות durch eine Gedankenverirrung, (Chagiga 15, a.), durch Lesen irreführender כיתים-Schriften, ספרי מינין, (das. b.), durch Mißverständniß einer Thora=Stelle (Kidushin 39, b.) gekommen. Oder meinen Sie im Ernste, daß, wenn Einer durch Lesen von Missions=Schriften, die ja durch und durch mit irriger Exegese und Interpretation von Bibelstellen operiren, oder durch einen solchen Unterricht von einem Missionar zum Abfall vom Judenthum gekommen, er dann nicht zu der Kategorie der מינין des רמב"ם gehöre?

Darum findet sich auch zu der citirten Stelle הל' ע"ז vom ראב"ד keine השגה, obgleich dort ja auch von einem aus Irrthum und Gedankenverirrung hervorgegangenen מינות die Rede ist. Denn wo das מינות zur Verleugnung von עיקרי הדת und גופי התורה geworden, da kommt es auf den Ursprung des מינות nicht an. (Fällt doch wie bemerkt bei ע"ז, כופר לכל התורה, היכול שבה בפרהסיא, selbst der Unterschied zwischen להכעיס und להיאבון weg, und bemerkt הבואה רא"ך הילוק אפילו באחרא דקיל לוא שבח ובן: חלול שבת לוא שבת ובן in Beziehung auf שו"ר ב' ס"ק ב"ט אין לחלק בין נברא דלא ידע טעמא דשבת והטעם וחשמורה כל כך והטעם שחכמה הומר האיסור לא הלקה התורה). Die השנה zu השובה פ"ג הל' ז' רמב"ם betrifft ja aber nur eine irrige Vorstellung von dem Wesen Gottes, einen Irrthum, der rein metaphysischer Natur und völlig außer aller Beziehung und Folge für die praktische jüdische Pflichttreue und Lebenswahrheit ist. Es kann ja Einer eine körperliche Vorstellung von Gottes Wesen haben und doch מוסר נפש על קידוש השם sein, weshalb ja auch ראב"ד sagt: וכמה גדולים וטובים ממנו הלכו בזו המחשבה, womit er wahrlich keine geringe Stufe jüdischer Lebens=Vollendung hat bezeichnen wollen. Weshalb es noch immer zweifelhaft sein kann, ob nicht ראב"ד durch diesen Hinweis habe sagen wollen, daß die Verkennung einer Wahrheit, die so gar nicht die jüdische Pflichttreue gegen Gott berührt, wie irrthümlich sie auch an sich sei, überhaupt nicht als מינות zu betrachten wäre. כסף משנה selbst giebt seine Erklärung nur als Vermuthung, als אפשר. Jedenfalls ist aus diesem ראב"ד für מינין הכופרים בתורה נביאים ובדברי ובנבואתיה והתורה nichts zu folgern. Auch השובה מהרי"ל — (bei deren geheimnißvoller Erwähnung man wahrlich Ihre Lehrweisheit und Ihre Besonnenheit לבהי תת בכשול ויד לפושעים bewundern muß, die sie nur לומדים zum

Nachlesen empfiehlt, als ob es unter לומדים keine פושעים und unter פושעים keine
לומדים giebt und auch der nach solchem geheimnißvollen מהרי"ל lüstern ge=
machte עם הארץ, der כהפקירא ניחא ליה, sich nicht durch einen guten Freund, den
er für einen לבדן hält, Aufschluß über den Inhalt des מהרי"ל verschaffen kann,
und als ob nicht der Unkundige, dadurch daß Sie dessen Inhalt nur andeuten,
aber ihn mitzutheilen sich scheuen, glauben müsse, es leiste dieser מהרי"ל unseren
heutigen כינין ואפיקורוס noch größeren Vorschub, als die von Ihnen gegebene De=
klaration, so daß auf einer solchen Lehrweisheit, die zugleich sagt und nicht
sagt, leicht ein doppeltes אוי ruhen könnte —) nun, auch dieser מהרי"ל ist gar
nicht so verfänglich, spricht nicht im Entferntesten von שבת בפרהסיא und von
כופרים בתורה וב:ביאים ובנצחיות התורה ומצותיה, für deren מינות Sie denselben als
einen Milderung versprechenden Gewährsmann herbeirufen möchten. Er spricht
ausdrücklich von Jemandem, der שפיר בהן ומדקדק מצות בכל הוא מיזהר, der also
übrigens als ein völlig gesetzestreuer Jude gewissenhaft lebt, und in einem der
d e m g e g e n ü b e r völlig untergeordneten Dinge, wie מבוה ה'ה oder כגיה פנים
בתורה und ähnlichen in ה'החלק 'פ als אפיקורוס bezeichneten Dingen, die Unkundige
für geringe achten, zu dessen Nichtachtung durch falsche Belehrung und irrige
Interpretation gekommen. Ausdrücklich beschränkt er diese seine Ansicht nur
auf solche verhältnißmäßig untergeordnete Verirrungen, אבל משום דאינו חושש
על דבר כזה ומפרש אותי בענין אחר u. s. w., und nur von solchen spricht seine
תשובה היסוד דפ' חלק הני כל אבל אפיקורס ומגלה פנים bis zu Ende. So hat auch
diese תשובת מהרי"ל הביאות שור שמלה הדשה ב' verstanden und excerpirt. Schon
הל' תשובה ה' ל"ם zu ה' weist darauf hin, daß die Bezeichnung אפיקורס in engerem
und weiterem Sinne zu fassen sei, und die הלק 'פ als אפיקורס bezeichneten מבוה
ה"ח, ה'ה בפני חבירו מבוה, u. s. w. dem Begriff אפיקורס im engeren Sinne nicht
zuzuzählen seien.

Ihre beiden Stützen ראב"ד und מהרי"ל sind daher durchaus hinfällig, und
Ihr Argument bleibt völlig in der Luft schweben.

Wenn Sie aber מסיה ומדיה als zur Charakteristik des durch Austritt
zu meidenden מינות und אפיקורסות erforderlich bezeichnen, so ist ja von einem
solchen Erforderniß in den religionsrechtlichen Quellen nirgends die Rede. For=
dern Sie aber ein solches, nun, wahrlich, ich habe schon oben darauf hingewie=
sen, in wie nicht geringem Grade die heutige Reform von Anfang ihres Ent=
stehens an durch ihre Literatur, ihre Journale, ihre Predigten, ihre Rabbiner=
versammlungen und Synoden, ihre Kanzeln und Schulen, insbesondere diese
Letzteren, sich als מסיה ומדיה, sich als eine große Missionsanstalt zur Bekehrung
der Juden zum Abfall vom Gesetze bewährt hat und bewährt, ja wie es nur
wenige einem solchen Abfall huldigende Zeitgenossen giebt, die im Kreise ihrer

Verwandten, Freunde und Bekannten, sich der החה והדחה enthalten, die nicht vor Allem im Verkehr mit noch „auf den Knien der Gesetzestreue" erzogenen Knaben und Mädchen, Jünglingen und Jungfrauen das Geschäft des מסית ומדיח vollziehen und unsere Jugend zum Abfall von der Gewissenstreue gegen das Gesetz bringen, nur daß der מסית ומדיח der תורה diese Kunst der Verführungsrede im Kreise seiner Verwandten בסתר übt, unsere heutigen מסיתים ומדיחים aber ganz offen vorgehen.

Schon diese einzige nicht wegzuleugnende Thatsache schlägt Ihr ganzes Argument zu Boden.

Aber auch ohnehin, die Behauptung, es sei die heutige Reform, der Abfall vom Gesetze, aus Unkenntniß der Thora, aus falschem, irrigem Verständniß derselben hervorgegangen, ist eine völlige Verkennung, eine völlige Umkehrung der thatsächlichen Wahrheit. Nicht ist der Abfall aus Unkenntniß und irrigem Verständniß der Thora, sondern Unkenntniß und irriges Verständniß der Thora ist aus dem Abfall hervorgegangen. Die ganze Geschichte der Reform bestätigt diesen Satz. Ueberall ging der praktische Abfall vom Gesetze voran. Weil man die Erfüllung des Gesetzes mit den Verhältnissen der neueren Zeit nicht mehr vereinbar fand und sich über dessen Anforderungen im praktischen Leben hinwegsetzte, hielt man auch die Gesetzeskunde für etwas Ueberflüssiges, ja Schädliches und verwies und verweist die Kenntniß des Gesetzes als nicht mehr zeitgemäß aus dem Unterricht der Jugend. Und für den Abfall, der sich im Leben bereits vollzogen hatte und fortwährend vollzog und vollzieht, suchten und suchen die selbst bereits abgefallenen Literaten und Theologen der Reform hintennach die Legalisirung aus dem jüdischen Schriftthum und mißinterpretirten die schriftliche und mündliche Lehre, um dem Abfall eine Folie zu bieten. Dies nannte man bei seinem ersten Debüt: die Ausgleichung der Lehre mit dem Leben. Und kaum ein Einziger der heutigen Anhänger der Reform übertritt die göttlichen Gesetze aus Unkenntniß oder falscher Auslegung des Gesetzes, sondern er lernt das Gesetz gar nicht kennen und die falschen Auslegungen der Reform=Theologen sind ihm willkommen, weil er das Gesetz und die Wahrheit des Gesetzes im Leben nicht brauchen kann und nicht brauchen will. Die ganze Kategorie, für welche Sie Ihr — wie wir gesehen haben, ohnehin irriges — Argument aufgebaut haben, ist im thatsächlichen Leben nicht vorhanden.

Wie Sie aber in den sogenannten Zugeständnissen an die Orthodoxen eine Milderung des מנהג erkennen wollen, dem die hiesige Reform=Gemeinde und ihr Vorstand huldigen, ist vollends unbegreiflich.

Zuerst ist es ja offenbar das gerade Gegentheil. „Die strenge und heilige Thoraverbindlichkeit", wie Sie sich ausdrücken, „den Orthodoxen gegenüber nicht ableugnen", sie aber für sich, für das eigene Leben ableugnen, ist ja vollendeter Unsinn, ja, es ist mehr als das, es ist die vollendete Blasphemie. Es giebt ja nicht zweierlei Juden, für welche die Thora gegeben und nichtgegeben, verbindlich und nichtverbindlich wäre. Ist die Thora für Einen Juden eine Wahrheit, für Einen Juden verbindlich, so ist sie Wahrheit und verbindlich für Alle. Ist sie für Einen eine Lüge, für Einen nicht verbindlich, so ist sie für keinen Juden wahr, hat Verbindlichkeit für Keinen. Wollte — wie Sie ihm unterschieben — mit seinen Zugeständnissen an die Orthodoxen der Vorstand die Verbindlichkeit, oder gar wie Sie sich ausdrücken, die „strenge und heilige Verbindlichkeit" der Thora anerkennen, dieser Anerkenntniß durch Errichtung der כשרות-Institutionen ein Denkmal setzen, und dieser Anerkenntniß und diesem Denkmal durch's eigene Leben in's Angesicht lachen: so hübe er ja eben mit diesem Zugeständnisse sein מינות erst, nach Ihrem Ausdruck, zu „dem wahren Höhepunkt der Verwerflichkeit"! Bis dahin konnte noch sein מינות allenfalls das Feigenblatt der Unwissenheit vorschützen, konnte man ihn noch allenfalls zu den אין כבריך וכופרין zählen zu können vermeinen. Mit der in diesem Zugeständnisse liegen sollenden Anerkenntniß aber träte er ja vollends in die Kategorie Derer über, von denen es heißt: מכירין בו מכוונים למרוד בו יודעים רבונם !

Sodann, wie soll man in diesen Zugeständnissen, in der Errichtung von כשרות-Institutionen für die Orthodoxen eine der „strengen und heiligen Thora-Verbindlichkeit" dargebrachte Huldigung erkennen, so lange Kanzel und Schule desselben Vorstandes laut gegen die noch geltende Verbindlichkeit der Thora protestiren?

Ferner: Was hat die nach diesen Zugeständnissen in Aussicht gestellte Errichtung von כשרות-Institutionen mit dem in der Liturgie des öffentlichen Gottesdienstes sich aussprechenden מינות (der בבנין, בקבוץ גליות, כפירה, בביאת הגואל u. s. w. zu schaffen, wie soll dieses allein schon den Austritt gebieterisch heischende מינות durch jene Zugeständnisse auch nur um einen Skrupel abgeschwächt werden?

Schwerer ferner, als die Selbstbeachtung der כשרות-Pflichten im eigenen Leben, kann doch wahrhaftig die Errichtung solcher Institutionen für Andere nicht wiegen, und ist nicht ein מומר לחלל שבתות בפרהסיא oder מומר לעברה אחת, מצער עברות, wenn er auch nur diese einzige sonstige עברה als זו ואינו בועט, מאמין בה, aus Verachtung dieser Einen כשרה und deren Verbindlichkeit leugnend begeht, nicht ein מיכר וכיפ לכל התירה, nicht ein vollgiltiger מין in optima forma wenn er auch selbst einen כשר-Haushalt führt und שחיטה und מקוה

Pflichten gewissenhaft beachtet —: und der bloße Beitrag zur Errichtung einer שחיטה und מקוה für Andere sollte ihn eines solchen מין-Charakters entkleiden?!

Endlich: sollte in der That in solchen Zugeständnissen auch nur eine Spur von einer Rückkehr zur Thora-Huldigung gefunden werden können, ei, so müßte Ihr Vorstand ja die Errichtung solcher „für jeden gläubigen Israeliten unumgänglichen Institutionen" nicht von dem Verbleiben einer Anzahl Religionsgesellschaftsmitglieder, für welche ja diese Errichtung gar keinen Werth hat, abhängig machen, er müßte diese Errichtung für die nicht zur Religionsgesellschaft zählenden orthodoxen Glieder seiner Gemeinde, für Ihre Klasse c, für welche Sie ja mit einer einem Fremden sonderbar anstehenden Zuversicht die Nothwendigkeit derselben behaupten, beschlossen und ausgeführt haben, selbst wenn auch nicht ein Einziges der Mitglieder der Religionsgesellschaft bei der Gemeinde verbliebe, und sie Alle bereits ausgetreten wären oder austreten würden. Indem er aber diese Errichtung nur dem Nichtaustritt von Religionsgesellschafts-Mitgliedern zugesteht, so ist es ja klarer als die Sonne, daß Alles, was von der in diesen Zugeständnissen liegen sollenden Anerkennung des Rechts der Orthodoxen, von der damit den Orthodoxen gegenüber sich aussprechen sollenden Anerkennung der „strengen und heiligen Thoraverbindlichkeit" gesagt wird, Nichts als ein leeres Gerede ist, ist ja klarer als die Sonne, daß er diese Zugeständnisse nur als einen Handel, nur aus einer administrativen Interessen-Klugheit, aus einer ihn drängenden Nothwendigkeit, deren Dringlichkeit ich Ihnen klar gemacht, zugesteht, um damit den Nichtaustritt von Religionsgesellschaftsmitgliedern und die Möglichkeit der Schädigung der Religionsgesellschaft zu kaufen — und ein solcher berechnender Handel soll genügen, um ein מינות ואפיקורסות, dessen Verwerflichkeit Sie mit so emphatischer Entrüstung zu schildern nicht müde werden, dieser Verwerflichkeit zu entkleiden!! Das glaubt Ihnen kein Mensch, Herr Rabbiner.

Was aber Ihr ganzes Argument, Ihre ganze Deduktion, Ihre ganze Classificirung der Reformer in מבעיסים und Nicht-מכעיסים, in מסיהים und Nicht-מסיהים ומדיהים, Ihre ganze gegen meine איסור-Entscheidung versuchte Beweisführung vollends zu Schanden macht und ihr allen und jeden Werth, alle und jede Bedeutung für unsere Frage raubt, das ist die gedankenlose, gedankenwidrige, fortwährende Verwechselung des Systems mit dessen Bekennern, des מינות ואפיקורסות mit den מינים ואפיקורסים, des Bekenntnisses mit den ihm huldigenden oder die Huldigung versagenden Menschen.

Sätzen wir, in der Frage die uns scheidet, über die Menschen zu Gerichte, gälte es ein Urtheil über die größere oder geringere Strafbarkeit der von der jüdischen Gesetzestreue abgefallenen Menschen festzustellen, die etwa gebotene größere oder geringere Entfernung oder Nicht=Entfernung im socialen, bürgerlichen Verkehre, mit ihnen, den Menschen, zu beurtheilen: da wären Sie ganz im Rechte, auf die Motive, auf die größere oder geringere Kenntniß von der Sträflichkeit, auf die größere oder geringere Absichtlichkeit ic. einzugehen, aus welchen und mit welchen die von dem jüdischen Gesetze Abgefallenen zu diesem Abfall von der jüdischen Wahrheit und der jüdischen Pflicht gekommen und in diesem Abfall verharren, ob sie als מומרים, als מומרים להיאבון, als מומרים להכעיס, als מינין ואפיקורסין, als שוגג בזדון oder als אנוסן zu behandeln wären.

Aber darum handelt es sich ja mit Entschiedenheit nicht. Ausdrücklich habe ich erklärt, und in meinem offenen Brief an Sie (S. 10.) wiederholt, daß ich unsere zeitgenössischen, vom Gesetz abgefallenen und in diesem Abfall verharrenden Brüder als הנברים בין שנשבה, als מנהג אבותיהם בידיהם, **und daher nicht als מינין und אפיקורסין im Sinne unserer Codices betrachte, hinsichtlich deren sie auch den Verkehr zu meiden lehren, daß vielmehr von ihnen vollkommen Das gelte, was רמב"ם hinsichtlich der אפיקורסן und קראים seiner Zeit lehrt, und ist schon damit Ihre ganze offene Antwort, die sich nur in der Charakteristik unserer von dem Gesetze abgefallenen zeitgenössischen jüdischen Brüder bewegt, von vorn herein gegenstandlos und trifft mit keiner Silbe die Entscheidung, in der Sie mir entgegengetreten sind.**

Nicht also den Austritt aus dem **bürgerlichen und freundschaftlichen** Verkehrszusammenhang mit unseren vom jüdischen Gesetze und der jüdischen Wahrheit **abgefallenen Brüdern** trifft meine Entscheidung, sondern den Austritt aus dem **religionsgemeindlichen** Zusammenhang mit dem **Abfall**, mit dem מינות und אפיקורסות trifft meine Entscheidung, das in ihrer Synagoge gebetet, von ihrer Kanzel gepredigt, in ihrer Schule gelehrt wird, und dessen Pflege und Lehre ihr **religiöses Gemeinwesen** geweiht ist. Dieser Abfall, die falsche Lehre und das Bekenntniß, dieses מינות und אפיקורסות **bleibt aber immer dasselbe**, steigt nicht und fällt nicht, mögen die Menschen zu diesem Abfall, zu diesem מינות und אפיקורסות aus Unwissenheit oder Frevel, mit Bewußtsein oder Irrthum gekommen sein, mögen sie ihm als שוגג במזיד oder selbst als אנוסים anhangen. Und lebte ich als jüdischer Handwerker in einer Reformgemeinde als der einzige orthodoxe Jude, und wären sämmtliche Mitglieder, Vorsteher, Rabbiner, Prediger, Lehrer

derselben bereits seit Jahren in der Irrlehre der Reform, in dem מינות und אפיקורסות geboren, erzogen und herangebildet, wüßten gar nichts Anderes und Besseres, und hielten ganz פי הױם in aller Unschuld das מינות ואפיקורסות das sie in ihrer Synagoge beten, von ihrer Kanzel predigen, in ihren Schulen lehren, für das einzige wirkliche und wahrhaftige Judenthum, verhielten sich zu diesem מינות und אפיקורסות vollständig wie הינק שנשבה בין הנכרים, also jedenfalls בשוגג קרוב לאונס: so dürfte ich doch zweifellos in keinem religionsgemeindlichen Zusammenhange mit diesem מינות ואפיקרסות-Bekenntnisse bleiben, wäre auf's Ent=
schiedenste zum Austritt aus demselben verpflichtet. Und thue ich dies nicht, bleibe ich freiwillig, ohne allen Zwang, in irgend welchem religionsgemeindlichen Zusammenhange mit diesem מינות und אפיקורסות, bleibe ich Mitglied dieser Ge=
meinde, und wäre es auch nur als nichtcontribuirendes Ehrenmitglied: so könnte es sehr leicht sein, daß ich, der einzige orthodox lebende Jude, der ich nicht in מינות ואפיקורסות erzogen, der ich das Bessere und Wahre weiß und durch meine Lebensweise bethätige, indem ich aber trotz dieses meinen besseren Wissens durch meine freiwillige Ehrenmitgliederschaft dem מינות und אפיקורסות auch nur den Schein einer Berechtigung im Judenthum verleihe, durch meinen freiwilli=
gen Nichtaustritt — so weit an mir liegt — das Dasein und den Bestand ei=
nes Reformgemeinwesens für Juden mit aufrechthalte und consolidire, so könnte es, meine ich, gar leicht sein, daß gerade ich, der einzige orthodox lebende Jude, in Mitten einer aus völliger Unwissenheit der Reform huldigenden Gemeinde Gefahr liefe dort der Einzige zu sein, den vom מין-Charakter ganz rein zu waschen etwas schwer fallen dürfte. Die Society for propagating of christia-
nity among the Jews, die Missionsgesellschaft in London — um den Fall durch einen Vergleich zu veranschaulichen, obgleich ich sehr wohl weiß, daß alle Vergleiche hinken — handelt ganz in gutem Glauben, sie sieht im Christen=
thum nur das verbesserte, zur wahren Vollendung gebrachte Judenthum, in der Christenheit das wahre Israel, in der Bekehrung eines Juden eine gottge=
fällige Seelenrettung: würde nun ein sogar auswärts wohnender, gar nicht weiter in Berührung mit ihr kommender, ganz orthodoxer Jude dieser Gesell=
schaft als Ehrenmitglied beitreten, sich als solcher auch nur in die Zahl ihrer Mitglieder registriren lassen — und hübe er himmelhoch die Hände, protestirte siebzigmal gegen den חזר, betheuerte hoch und heilig er thue Alles לשם שמים — sich nicht vor aller Welt dem begründeten Vorwurf aussetzen, daß מינה נזרקה בו!

Das steht fest, so gewiß wie הו״ל, indem sie durch das Motiv מנה אבותיהם בידיהם eine mildere Beurtheilung der שהתה לאיץ עובדי ע statuirten und den Umgang mit ihnen gestatteten und pflogen, doch damit in keiner Weise eine mildere Beurtheilung der עבודה זרה lehrten und etwa die Mitgliedschaft zu einer ע״ז-Gemeinde gestatteten, so gewiß hat auch רמב״ם, indem er an der oben citirten Stelle für eine milbere Beurtheilung der קראים, der Karäer, der Bekenner des Karäerthums seiner Zeit den Umstand geltend macht, daß ihnen bereits dieses irrige System von ihren Eltern her anerzogen war, sicherlich nicht damit auch nur um eines Haares Breite dem Irrsystem selbst, dem Karäerthum, der Leugnung der תשב״פ eine mildere Beurtheilung zuwenden und einem religiösen Zusammenhang mit dieser כפירה das Wort reden wollen. Erklärt er doch dieselben Karäer, für deren mildere Beurtheilung für den Verkehr mit ihnen er an der angezogenen Stelle und noch ausführlicher in der שו״ת 163 (Leipziger Sammlung) sich ausspricht, auch nur für jeden צירוף למנין וידומין daß. No. 18 durchaus für פסול, weil sie eben sich nicht לדברי רז״ל, nicht zu der rabbinischen Lehre bekennen, auf welcher alle Gemeinschaft zu קדוש הפלה וזימון beruht. Eine solche Kluft ist zwischen der Beurtheilung der Bekenner und des Bekenntnisses.

Kann doch auch der gewissenhafteste Jude mit Bekennern der verschiedensten Religionsweisen, mit Christen, Türken und Heiden in Verkehr und Freundschaft leben. Aber zu deren Bekenntniß, zum Christenthum, zur türkischen Religion, zum Heidenthum wird er immer in gegensätzlicher Ferne verharren, wird — so lange er ein gewissenhafter Jude bleibt und bleiben will — auch schon den Schein einer religiösen Gemeinschaft eines religionsgemeindlichen Zusammenhanges mit den Bekennern eines andern Religionssystems zu meiden haben. Diesen begrifflichen und für die Praxis völlig entscheidenden Unterschied zwischen den Bekennern und dem Bekenntniß, somit auch zwischen מינין ואפיקורסין und מינות ואפיקורסות, auf den ich wiederholt und wiederholt hingewiesen, so, daß aus der von den Bekennern um ihres Bekenntnisses willen gebotenen Fernhaltung wohl auf die gebotene Fernhaltung von dem Bekenntnisse, nicht aber aus der gestatteten Annäherung zu den Bekennern ein Schluß auf eine etwa damit auch gestattete Annäherung zu dem Bekenntnisse gefolgert werden könnte, diesen Unterschied haben Sie völlig außer Augen gelassen, und haben das, was sich eventuell für eine mildere Beurtheilung gewisser מינין ואפיקורסין sagen ließe, auf die Beurtheilung des ja überall und immer in gleicher Schärfe dastehenden מינות ואפיקורסות übertragen.

Indem so aber sich Ihre ganze Auseinandersetzung in dem kolossalen Irrthum bewegt, daß Sie Das, was Sie, — wie wir gesehen in völlig irriger Weise — für eine mildere Beurtheilung unserer heutigen Reformer vorzubringen vermeinen, für eine mildere Beurtheilung der Reform geltend machen wollen, und die heutigen מינין ואפיקורסין mit dem heutigen מינות ואפיקורסות, von

dem allein die Rede ist, durchweg verwechseln, so ist Ihre ganze Auseinander=
setzung, und wäre Alles, was Sie darin vorbringen, so wahr und wissenschaft=
lich begründet wie es das vollendete Gegentheil ist, schon aus diesem Einen
Grunde von Anfang bis zu Ende eine völlige Nullität, und der freiwillige
Nichtaustritt aus allem und jedem religionsgemeindlichen Zu=
sammenhang mit dem in Synagoge, Kanzel und Schule sich aus=
sprechenden מינות und אפיקורסות und dem sich zu ihm bekennenden und
der Pflege und Lehre dieses מינות und אפיקורסות geweihten re=
ligiösen Gemeinwesen bleibt entschieden אסור, gleichgiltig ob
die Mitglieder dieses Gemeinwesens zu diesem מינות= und
אפיקורסות=Bekenntniß auf dem Wege des Irrthums oder dem
Wege des Frevels gekommen sind, ob die Mitglieder dieses Ge=
meinwesens מיני und אפיקורסי im mildesten, oder strengsten
Sinne wären. Und wird für den orthodoxen Juden dieser Nichtaustritt,
dieser freiwillige Zusammenhang mit dem מינות= und אפיקורסות=Bekenntnisse
zu einer um so größeren Versündigung, je weniger ihm der Milderungsgrund
des Nichtbesserwissens und des Anerzogenseins zur Seite steht.

Wenn Sie aber meinen, es könnte dem Nichtaustritt eines orthodoxen
Juden aus der Reformgemeinde der Schein eines Zusammenhanges mit dem
מינות und אפיקורסות der Reformgemeinde und der Billigung desselben durch einen
irgend wie lautenden Protest genommen werden, so wäre doch ein solcher, wie
immer lautender Protest nichts als eitel Humbug, nichts als ein טובל בידו שרץ!
Was nützt das Wort, wo ich jeden Augenblick das Gegentheil durch die That
an den Tag lege! Wenn ich freiwillig, völlig ohne Zwang Mitglied einer Re=
formgemeinde bleibe, mag ich zehnmal laut protestirend aussprechen, daß ich für
mich mich nicht zu dem מינות ואפיקורסות dieser Gemeinde bekenne: so erkenne
ich doch thatsächlich die Existenz einer solchen Gemeinde in der Judenheit als
zu Recht bestehend an, zu Recht bestehend die Vereinigung von Juden zur
Pflege und Verbreitung des Reform=מינות und אפיקורסות durch Gottesdienst,
Kanzel und Schule unter Juden, ganz so wie, nach dem bereits oben erwähn=
ten Beispiel, als wollte ich auch nur als Ehrenmitglied der englischen Missions=
gesellschaft zur Verbreitung des Christenthums unter Juden beitreten, mag ich
zehnmal laut in Worten die Zwecke derselben desavouiren und selbst mein Le=
benlang für mich der Taufe fern bleiben! Das wäre ja ganz eigentlich jene
verderblichste Compromißwirthschaft, deren Consequenzen mein offener Brief
hinlänglich gezeichnet: Dafür, daß der Vorstand meinem orthodoxen Judenthum,
wie Sie sich ja ausdrücken „mir gegenüber", das heißt ja, für mich, eine Be=
rechtigung zugesteht, erkenne ich „ihm gegenüber", das heißt: für ihn und die

von ihm vertretenen jüdischen Brüder, die Reform als zu Recht bestehend an, bleibe Mitglied einer Gemeinde, die die Reform für die Reformer und die Orthodoxie für die Orthodoxen pflegt und das Judenthum, die eine einzige untheilbare jüdische Wahrheit, das eine einzige untheilbare jüdische Religionsgesetz zu einer Table d'hôte gestaltet, wo à la carte gespeist wird, und Jeder sich zu dem Dargebotenen hält, das seinem „Geschmack" zusagt.

Was verschlägt ferner der Lippenhauch eines solchen Protestes, wenn Ihre nicht austretenden orthodoxen Juden fortfahren, durch ihren Nichtaustritt, sowie durch ihre Steuerleistungen thatsächlich Fortbestand und Fortentwickelung der מיטה= und בדירה=Institutionen der Reformgemeinde mitzutragen und mitzufördern und damit im eminentesten Sinne מחזיק ידי עוברי עברה zu sein, wenn sie — was Sie ja selbst und mit Recht früher so hoch angeschlagen haben — nicht aufhören „den irreligiösen Vorstand", der nach Ihren Worten „vom orthodoxen Judenthum nicht als Vorstand anerkannt werden darf", thatsächlich durch Steuerleistung und Unterstellung ihrer orthodoxen Anstalten in spe förmlichst anzuerkennen?

Sie beobachten allerdings in Ihrer offenen Antwort eine sehr wohlfeile Manier: wogegen Sie gar nichts zu sagen wissen, und gehörte es mit zu dem Gravirendsten, das übergehen Sie mit Stillschweigen oder behaupten darüber mit dreister Ritterlichkeit das Gegentheil der thatsächlichen Wahrheit, obgleich dieses Thatsächliche vor Aller Augen offen liegt.

Ich hatte in meiner von Ihnen vollkommen anerkannten „Beleuchtung" dargethan, wie, wenn auch die Nichtaustretenden ihre Beiträge nicht direct für Kultus und Schule leisten sollen, dennoch nach der ganzen Organisation und dem Etat der Reformgemeinde der größte Theil dessen, was sie in die Gemeindecasse steuern, im Interesse der Erhaltung und Verwaltung der Reform-Institutionen verwendet wird, sowie daß das Gemeindevermögen, das ja auch, so lange sie Reformgemeindemitglieder bleiben, ihr Miteigenthum für Gemeindezwecke bleibt, als solches zur Pflege und Unterhaltung von Reformzwecken Verwendung findet, sie daher mit ihrem Vermögen מחזיק ידי עוברי עברה bleiben, und habe in meinem offenen Briefe Sie gefragt, in welcher Weise sie denn durch die sogenannten Zugeständnisse von dieser Gewissenslast des thatsächlichen ידי היוח עוברי עברה befreit würden? Was haben Sie darauf geantwortet? Nichts!

Ich habe Sie gefragt, ob denn der „irreligiöse" Vorstand, der vor den Zugeständnissen vom orthodoxen Judenthum, nach Ihrer Erklärung, gar nicht als Vorstand anerkannt werden durfte, durch diese Zugeständnisse mit einem Male „religiös" und von dem פסול für die Anerkennung als Gemeindevorstand rehabilitirt worden sei? Habe Sie nach dem Nachweis gefragt, daß Der, der einen solchen Reform-Vorstand als Vorstand anerkennt und sich ihm freiwillig mit seiner Besteuerung und wäre es selbst für ganz gesetzliche Zwecke unterstellt, nicht dem schweren עץ לפני אי׳ ורי׳ בד״ רפני מים und daher auch מנין לפני הם ולא לבניהם unterliege? Was haben Sie darauf geantwortet? Nichts. Oder doch noch etwas **Aergeres** als Nichts. Sie behaupten im Widerspruch mit der thatsächlichen Wahrheit, daß der Reformvorstand gar nicht Gemeindevorstand der nicht austretenden Orthodoxen bleibe, deren orthodoxe Anstalten gar nicht ihm als Gemeindevorstand unterstehen würden, somit die Nichtaustretenden den Gemeindevorstand gar nicht als solchen anerkennen werden. Dies ist jedoch geradezu nicht wahr, — bei solchem Widerspruch faktischer Wahrheiten wird wohl dieser unumschriebene Ausdruck zu entschuldigen sein, — die Anstalten sollen vom **Gemeindevorstand** aus **Gemeinde-Mitteln** hergestellt werden, somit auch die orthodoxen wie nichtorthodoxen Mitglieder für diese Anstalten vom **Gemeindevorstand** besteuert werden, die orthodoxe Verwaltung wird vom **Gemeindevorstand** ernannt werden, sicherlich werden auch wohl deren Anstellungen der Genehmigung des **Gemeindevorstandes** bedürfen, die Anstalten sammt deren Verwaltung und Angestellten bleiben daher dem **Gemeindevorstand** untergeben, und wenn er auch naturgemäß die Entscheidung in allen rituellen Angelegenheiten den von ihm ernannten orthodoxen Verwaltern und Angestellten dieser Anstalten überlassen wird, so bleibt er doch selbst für die speciellen Anstalten der orthodoxen Nichtaustretenden deren Vorstand: denn wer das **Geld** durch Steuern aufzubringen und herzugeben hat, bleibt unter allen Umständen der **Herr**. Allein auch ohnehin haben ja die Nichtaustretenden zu allen anderen Gemeindelasten der Reformgemeinde, zu den Lasten des Hospitals, des Begräbnißwesens ꝛc, zu den Verwaltungskosten — die noch dazu, wie mehrfach erwähnt, fast ausschließlich im Dienste der Reformgemeinde-Zwecke stehen, — sich vom Gemeindevorstand besteuern zu lassen und ihre Beiträge in seine Gemeindekasse zu leisten, und es ist gerade die Fortdauer dieser steuerpflichtigen Hörigkeit zu dem vom Reformgemeindevorstand vertretenen und verwalteten religiösen Gemeinwesen das Einzige, das von ihm mit seinen Zugeständnissen erkauft werden will. Der Reformgemeindevorstand bleibt somit der Gemeindevorstand der Nichtaustretenden und wird von ihnen als Solcher anerkannt, und ich bin im vollen Rechte die Frage zu wiederholen: mit welchem Rechte, nach welchem די erklären Sie jetzt den hiesigen nichtaustretenden Orthodoxen eine solche Unterstellung unter einen „irreligiösen" Vorstand und die Anerkennung desselben für מיה, nachdem Sie selbst ein solche Anerkennung vom orthodoxen Judenthum als entschieden אסור erklärt hatten?

Ich habe Ihnen an den Tag gelegt, wie die blasse Angst für den Bestand der endlich nach so vielen Jahren eines kühn geübten Terrorismus sich in ihren Grundvesten durch das Austrittsgesetz erschüttert fühlenden Reform es ist, welche dem Gemeindevorstand seine Zugeständnisse abgerungen, wie daher jeder Nicht=austretende sich als Mörtel und Kitt für die Aufrechthaltung des Reformge= meindebaues hergiebt und damit in ganz eminentem Grade einen חיזוק ידי עוברי עברה übt. Was haben Sie darauf erwiedert? Nichts!

Ich habe Ihnen endlich gezeigt, wie man mit dem Nichtaustritt von Religionsgesellschafts=Mitgliedern den Keil des Zwiespalts, das Miasma der Lähmung und den Brander der Zerstörung in den Fortbestand der Religions= gesellschaft zu werfen gedenkt und Sie durch Ihr unbedachtes, unberechtigtes, unmotivirtes Einschreiten in unsere hiesigen Angelegenheiten sich der Theilnahme an diesem beabsichtigten Zerstörungswerk schuldig gemacht. Was haben Sie als Antwort auf diesen Vorwurf? Sie schließen sich höchst devot meiner Zuver= sicht an und "zweifeln (S. 24) keinen Augenblick daran, daß die Religionsgesell= schaft" trotzdem "in ihrem segensreichen Wirken ungeschmälert und ungekürzt auch weiter fortbestehen und fortwirken werde". Aber, Herr, eine solche Zuversicht in Gott steht mir, steht uns, den Bedrohten, zu. Einem aber das Haus über dem Kopf anzünden und dabei fromm devot sprechen: er hoffe zu Gott, es werde doch nicht zu dessen Ruin gereichen, Das, Herr, heißt, zu einem Frevel noch die Erbärmlichkeit verhöhnenden Spottes hinzufügen —

Solchen faktischen, den Nichtaustritt belastenden Wirkungen den Hauch eines Protest=Wortes als Beseitigungsmittel entgegenhalten zu wollen, dürfte hart an den soeben besprochenen Hohn gränzen.

Und nun, Herr Rabbiner, sehen Sie sich doch schließlich einmal das völlig Unsinnige, das völlig Gesetzwidrige des Projektes an, für welches leider es nur zu gut gelungen ist, unter Vorspiegelung eines "edlen Zweckes", wie Sie es S. 23 nennen, Ihre mitwirkende Betheiligung und die Folie Ihres Ansehens zu gewinnen. Mit einer einem Auswärtigen schwerlich zustehenden zuversicht= lichen Lokalkunde der hiesigen Verhältnisse gruppiren Sie die Israeliten Frank= furts in drei Klassen, und bemerken nun, daß die von Ihnen unter c. Auf= geführten eine "ziemlich zahlreiche Klasse bilden, welche den Reformprin= cipien nicht huldigen, vielmehr in orthodoxem Sinne leben wollen," gleich= wohl "sich nicht der Religionsgesellschaft angeschlossen" haben und nun "ohne מקוה, ohne בשר כשר, ohne Synagoge im orthodoxen Sinne sich befinden". Für diese Bedauernswerthen, die, weil sie der Religionsgesellschaft nicht angehören und nicht angehören wollen, aller dieser zur Erfüllung ihrer religiösen Gewissens= pflichten so nothwendigen Institutionen entbehren, diese so nothwendigen Insti= tutionen zu schaffen, das sei der edle Zweck der Nichtaustretenden und darum sei der Austritt weder als geboten, noch der Nichtaustritt als Muthwillen zu bezeichnen. Ich habe freilich in meinem offenen Briefe öffentlich versichert, daß wer in Frankfurt „im orthodoxen Sinne" leben will, die zur Erfüllung dieser seiner Gewissenspflicht erforderlichen Institutionen, ohne in die Religionsgesellschaft einzutreten, keineswegs entbehrt, habe öffentlich versichert, daß die Religionsgesellschaft alle ihre Institutionen, מקוה, שחיטה, Schule, ꝛc. ꝛc. unterschiedlos mit größter Liberalität für Alle geöffnet halte, und ihre Institutionen auch thatsächlich von Allen benutzt werden, die ein religiöses Bedürfniß dazu fühlen, gleichgiltig ob sie Mitglieder der Religionsgesellschaft sind oder nicht.

Allein selbst in dieser puren Localkenntniß trauen Sie Sich, dem Auswärtigen, das „Besserwissen" zu, wagen es selbst auf diesem rein lokalen Gebiete mich einfach Lügen zu strafen, und Dem, was ich versichere, Ihre Versicherung entgegenzustellen: „das dürfte wohl zum großen Theile zu verneinen sein!"

Nun, sehen Sie sich doch einmal diese von Ihnen zum Feigenblatte des Nichtaustritts geschaffene Klasse c. an, würdigen Sie sie doch auf dem von Ihnen derselben untergeschobenen Standpunkte, würdigen Sie vor Allem deren religionsgesetzliches Verhalten in aller Zukunft, das eben durch das von Ihnen protegirte Project für immer legal gemacht werden soll!

Was wären denn Juden, die „dem Reformprincipe nicht huldigen", die „orthodox" zu sein als das Rechte, das vom jüdischen Gewissen Gebotene erkennen, und die doch — nach Ihrer Versicherung — נבלה וטריפה essen, obgleich sie zwei Schritte weit zuverlässiges כשר-Fleisch haben können, die doch — nach Ihrer Versicherung — ohne מקוה in der Ehe leben und die größten היובי כריתי begehen, obgleich ihnen zwei Schritte weit eine מקוה zu Gebote steht, was wären Dieselben, wären sie weit vom איסורא ואכל היתרא שביק, weit ab vom מומר להכעים, sehr weit ab von jenem להכעים, das sie dem לכל מומר התורה כולה nahe brächte? Und Sie wollen sich bereden lassen und wollen uns bereden, diese Juden von einer sehr eigenthümlichen Orthodoxie würden מקוה und כשר קצבים mehr als jetzt benutzen, wenn sie ihnen nur unter veränderter „Firma" geboten würden? Wahrlich, man wird kein מין, wenn man Das „nicht glaubt"!

Aber vor Allem, welche Stellung zur Reformgemeinde ist es denn, welche diesen nicht zur Religionsgesellschaft gehörenden orthodoxen Mitgliedern der Reformgemeinde durch das „edle Werk" der nichtaustretenden Religionsgesellschaftsmitglieder bereitet und erhalten und durch Sie legalisirt werden soll? Für sie entfällt ja bis auf die letzte Spur Alles, was den nichtaustretenden Mitgliedern

der Religionsgesellschaft noch scheinbar zur Seite treten könnte. Sie bleiben ja
volle, vollberechtigte und vollverpflichtete Mitglieder der Reformgemeinde, ha=
ben zur Gründung und Erhaltung der מינה betenden Synagoge, der מינה pre=
digenden Kanzel, der מינות lehrenden Schule direkt beizusteuern, betheiligen sich
durch ihr aktives und passives Wahlrecht — mögen sie dasselbe ausüben oder
nicht, die nicht Erscheinenden genehmigen überall Wahl und Beschluß der Ma=
jorität der Erschienenen — an Bestellung der „irreligiösen" Gemeindevorstände,
an Verwaltung der מינות= und אפיקורסיות=Institutionen ꝛc., bleiben somit nicht
nur Bekenner, sondern volle Mitträger des „ausgesprochensten" מינה, lassen —
nach Ihrer Supposition — ihre Kinder dessen Schule besuchen, wo sie die völ=
lige Ueberflüssigkeit der שירה=Institutionen lernen, die angeblich für ihr Ge=
wissen errichtet werden sollen — Das, ihre nicht zur Religionsgesell=
schaft gehörenden Brüder und deren Kinder und Kindeskinder in
dem vollen Zusammenhang mit der כפירה zu erhalten und zu
bestärken, das wäre ein „edler" Zweck der nichtaustretenden Religionsge=
sellschaftsmitglieder, das wäre überall ein Zweck, den ein gesetzes= und gewissens=
treuer Jude einen seiner würdigen nennen dürfte?

Und nun, Herr Rabbiner, mit einem solchen Projekte, dem das Sinn=
lose und das Gesetzwidrige auf die Stirn geschrieben steht, soll es gelungen sein,
einen Mann von Ihrer Erfahrung, von Ihrer gesinnungs= und wissenstüchti=
gen Vergangenheit, gelungen sein, einen Herrn Distriktsrabbiner Bamberger,
den bisher die jüdische Welt gewohnt war nur auf Seiten der Aufrechthaltung
der entschiedenen jüdischen Gesetzestreue, auf Seiten der Klarstellung der jüdischen
Wahrheit zu erblicken, soll es gelungen sein einen Mann von Ihrem Wissen
und Gewissen zur Verleugnung seiner ganzen wissens= und gesinnungstüchtigen
Vergangenheit zu bethören und um der Förderung eines so prekären, so sinn=
losen und gesetzwidrigen Zweckes willen, den Zwiespalt in unserer Reli=
gionsgesellschaft zu legalisiren, deren Grundveste zu erschüttern, weit über unsere
Religionsgesellschaft hinaus die endliche Ermannung der gesetzestreuen Brüder
für die Gesetzestreue zu lähmen und in weiten jüdischen Kreisen die Gemüther
zu verwirren und irre werden zu lassen an Dem, was denn Wahrheit und Lüge,
Recht und Unrecht sei im Judenthum!!!

Es ist dies eine Ungeheuerlichkeit und ein Jammer, deren Erfahrung
Einem das Herz brechen könnte —

* * *

Die völlige Nichtigkeit alles Dessen, was Sie zu Ihrer formalen
Legalisirung, für die Berechtigung Ihres widersprechenden Einschreitens ge=

gen meine Entscheidung vorgebracht haben, die wo möglich noch größere Nichtigkeit alles Dessen, was Sie zur realen Begründung Ihres היתר= Ausspruchs und zur realen Widerlegung meiner איסור=Entscheidung vorgebracht, ist durch alles Vorhergehende erwiesen. Nicht einen einzigen haltbaren Grund haben Sie für Ihre Gegenentscheidungsberechtigung, nicht einen einzigen haltbaren Grund für Ihren היתר=Ausspruch und gegen meine איסור=Entscheidung vorgebracht. Trotz Ihrer offenen Antwort, oder vielmehr in noch viel klarerer, offenkundigerer Weise in Folge derselben, steht meine איסור=Entscheidung in völlig unerschütterter Kraft aufrecht.

Allein ich beabsichtige nun meine איסור=Entscheidung auf eine Basis zu stellen, die sie überhaupt aller und jeder ferneren Discussion entzieht, und komme zu diesem Ende wieder auf die von Ihnen im Verein mit dreihundert neunundachtzig Rabbinen in Aufforderung des Herrn Rabbiner Spitzer in Wien gegen den Nichtaustritt gegebene gutachtliche Entscheidung zurück.

Bereits am Schlusse meines offenen Briefes habe ich Sie im Angesichte der jüdischen Welt aufgefordert, Ihre dahier abgegebene und veröffentlichte, den Nichtaustritt der gesetzestreuen Juden aus dem religiösen Reformverbande gestattende Erklärung diesem Ihrem an den Herrn Rabbiner Spitzer in Wien gerichteten Gutachten gegenüber zu rechtfertigen.

Dieser meiner Aufforderung begegnen Sie S. 25 kurzweg durch die Angabe:

„Die Verhältnisse in Wien, worüber Herr Rabbiner Spitzer „ein Gutachten verlangte, waren z. B. dieselben, wenn nicht noch „schlimmer als jene zu Frankfurt es z. Z." (d. h. vor den Zu= „geständnissen der zu errichtenden רעפ=Institutionen) „waren, als ich „mich in meinem, oben wiederholt angeführten, ersten Gutachten „für den Austritt erklärte; dieser Punkt bedarf also wohl für „Niemanden einer weiteren Erörterung."

Diese Ihre Angabe über die Wiener Zustände zur Zeit der von Herrn Rabbiner Spitzer verlangten Gutachten widerspricht der Wahrheit in jedem Punkte.

Ich habe Herrn Rabbiner Spitzer in Wien um authentische Mittheilung über die zur Zeit der von demselben eingeholten Gutachten in Wien vorhanden gewesenen Zustände ersucht.

Hier ist die Antwort des Herrn Rabbiner Spitzer in unverkürztem Wortlaut:

a) „Als ich mich an die in= und ausländischen Rabbiner und
„Geonim נ״י um ein Gutachten betreffs der Trennung von der
„hiesigen Reformgemeinde wandte, befanden sich die ritu=
„ellen Institutionen, wie חלילה, שחיטה, מקוה, הוראת אוה״ס,
„גיטין u. s. w. unter meiner Aufsicht und wurde auch
„von keiner Seite der Versuch gemacht an denselben irgendwie
„zu rütteln."

b) „In dem unter meiner Leitung stehenden בהכ״נ sind keine
„שנוים שלא כדת vorgenommen, ja nicht einmal von irgend wel=
„cher Seite angestrebt worden."

c) „Das Motiv zur Trennung war **blos** ein Gemeinde=
„Repräsentanz=Beschluß, wonach die תפלות על ביאת הגואל
„ועניני הקרבנות in ihrem Bethause, von ihnen Tempel
„genannt, nicht mehr wie bis nun laut rezitirt werden
„sollen, und erblickten wir hierin, und mit uns circa 400
„Rabbiner, eine כפירה באחד מעיקרי אמונה שלימה שלנו."

„Hierauf basirend gaben circa 400 Rabbiner נ״י, ובתוכם
„גם הרב הגאון מווירצבורג כ״י, ihr vollgiltiges Gutachten dahin
„ab, daß es religionsgesetzlich verboten ist, in dem
„Verbande einer solchen Gemeinde zu bleiben, da
„dieselbe durch Streichung dieser Gebetstellen den
„Boden des Judenthums faktisch verlassen hat."

„Eine Eventualität, wenn die Reformgemeinde sich herbei=
„ließe, alle vom Religionsgesetze vorgeschriebenen und daher für
„den frommen Jehubi erforderlichen, ja unentbehrlichen Institu=
„tionen כדת משה וישראל herzustellen, um selbe den orthodoxen
„Jehubim zu bieten, damit nur die Einheit der Administration
„gerettet werde, konnte nach dem Vorausgeschickten, daß zur
„Zeit der Reformeinführung hier diese Reformge=
„meinde alle jüdischen Institutionen wie שחיטה, מקוה
„הוראת אוה״ס, u. s. w. nach Vorschrift des Religions=
„gesetzes besaß und erhielt, nicht in Erwägung gezogen
„werden, und unterliegt es daher selbstverständlich

„keinem Zweifel, daß eine solche Anbietung, wie die
„in Rede stehende, den איסור של חכמי ישראל nicht im Ge=
„ringsten alterirt."

Nach dieser authentischen Erklärung des Herrn Rabbiner Spitzer steht
es also — im geraden Widerspruch mit Ihrer Angabe — entschieden fest, daß
die Zustände in Wien zur Zeit Ihres und der anderen Herren Rabbiner Gut=
achtens nicht nur nicht dieselben und nicht nur nicht noch schlimmer als jene zu
Frankfurt ohne die Zugeständnisse waren und sind, sondern es hatten die Zu=
stände der Gemeinde in Wien einen Grad der Gesetzlichkeit, der noch
weit den übertraf, den die hiesigen Reformgemeinde=Zustände haben würden,
wenn bereits die zugestandenen Institutionen hergerichtet wären. Die Wiener
Gemeinde besaß alle diese Institutionen in voller Gesetzlichkeit und zwar
nicht blos für die Orthodoxen, sondern von der Gemeinde für die ganze Ge=
meinde, sie wie die ganze הוראת איה״ה standen unter Leitung des Herrn Rabbi=
ner Spitzer und kein Mensch dachte daran auch nur im Geringsten an dieser
zu rütteln. Lediglich ein Beschluß zur Auslassung der auf ביאת הגואל וענייני
הקרבנות sich beziehenden Gebetstellen in dem Gottesdienst Einer Syna=
goge lag vor — in der andern sollte nicht die geringste Aenderung vorgenom=
men werden — diese liturgischen Aenderungen allein veranlaßten die
Einholung der Gutachten, auf diese liturgischen Aenderungen allein
bezieht sich das von Ihnen und den andern Herren Rabbinern abgegebene
Gutachten, das diese liturgischen Aenderungen — in einer Ge=
meinde, in welcher außer ihnen alle anderen Institutionen in
voller unangetasteter Gesetzlichkeit bestanden — als Abfall vom
Judenthum und den Nichtaustritt aus einer solchen Gemeinde als
für jeden gesetzestreuen Juden entschieden verboten erklärt.

Durch diese authentische Erklärung des Herrn Rabbiner
Spitzer ist aber die ganze Frage entschieden und jeder weiteren
Discussion enthoben.

Das einzige Argument, das Sie für Ihren היתר=Spruch im Widerspruch
mit Ihren beiden hier und früher in Wien לאיסר abgegebenen Gutachten vor=
gebracht haben, war ja lediglich das, daß jene beiden Gutachten sich auf Ge=
meinden bezogen hätten, in welchen keine כשר=Institutionen in gesetzlicher Weise
vorhanden gewesen wären. Durch die zugestandene Errichtung solcher Institu=
tionen für die hiesigen Orthodoxen sei aber der Fall ein ganz anderer, und
der Nichtaustritt nunmehr ebenso entschieden מתר geworden, wie er vor diesen
Zugeständnissen entschieden אסר gewesen war.

Nun ist es aber durch Herrn Rabbiner Spitzer evident, daß in Wien alle Institutionen und die ganze הוראת אי״ה unangetastet in voller Gesetzlichkeit vorhanden waren, als Sie selbst in Uebereinstimmung mit nahezu 400 Rabbinen, lediglich wegen der liturgischen Veränderungen, den Austritt als entschieden geboten und den Nichtaustritt als entschiedenen איסור erklärten.

Damit ist also Ihrem Argument jeder Boden entzogen und Ihr יהרג-Spruch durch Ihr eigenes Gutachten gerichtet.

Ich setze daher dieses Gutachten nochmals hierher:

„Im Hinblicke auf die vom Vorstande der Wiener israelitischen Kultus-Gemeinde gefaßten Beschlüsse, hinsichtlich der auf die Zukunft des jüdischen Volkes sich beziehenden Gebete, erklärt der Gefertigte auf die von Sr. Ehrwürden des Herrn Rabbiner Salomon Spitzer in Wien an ihn gestellte Anfrage, nach seinem besten Wissen und Gewissen, daß derjenige Jude, welcher nicht an die einstige Ankunft eines persönlichen Messias aus der Nachkommenschaft Davids, an die Wiedervereinigung des jüdischen Volkes im heiligen Lande, und an die Wiederherstellung des in der Thora gebotenen Opferkultus glaubt, als **ein vom Judenthum abgefallener** zu betrachten ist, daß ferner **die Eliminirung oder Unterlassung der rituell eingeführten Rezitirung der auf die erwähnten Verheißungen sich beziehenden Gebetstellen einen Abfall vom Judenthum involvirt**, daß daher der gesetzestreue Jude mit Personen, die sich einer solchen Apostasie schuldig gemacht, nicht in einem religiösen Gemeindeverbande bleiben darf und kann, **und** nach jüdischer Lehre jede **Steuerleistung an eine Religionsgemeinde**, deren Vertreter solche, **die göttlichen Verheißungen verleugnenden** Beschlüsse gefaßt und deren Institutionen nicht auf der unerschütterlichen Basis des im **Schulchan-Aruch** kodifizirten Religionsgesetzes stehen, **verboten ist.**"

Dieses Gutachten ist von Ihnen mit noch anderen 389 Rabbinen unterschrieben und schließen sich ihm noch 9 Rabbinen mit in ganz gleichem Sinne entscheidenden Separat-Gutachten an.

Ich hebe aus den in alphabetischer Ordnung folgenden Unterschriften einige der auch in hiesigen Kreisen bekannteren Herren namentlich hervor. Es befinden sich darunter die Herren Rabbinen: Adler in Aschaffenburg, Dr. Auerbach nebst den Herren Rabbinats-Assessoren Josaphat und Lange in Halberstadt, Bamberger in Würzburg, Bamberger in Kissingen, Bamberger in Fischach, Bamberger Stiftsrabb. in Sulzburg, Carlebach in Lübeck, Cohn Rabb.-Verw. in Altona, Deutsch in Sohrau, Dr. Enoch in Fulda, Dr. Frenkel in Witzenhausen, Freund in Prag, Fromm in Homburg, Gugenheimer in Aussee, Dr. Gugenheimer in Kojin, Guttmacher in Grätz, Dr. Hildesheimer (Separ. G. A.) in Berlin, Jsaaksohn in Jilehne, Dr. Kahn in Wiesbaden, Dr. Löb in Ichenhausen, Dr. Lehmann in Mainz, Dr. Lipschitz in Maros-Vasarhely, Dr. Marx in Darmstadt, Ottensosser in Höchberg, Rehfisch in Kempen, Schreiber in Preßburg, Schreiber in Krakau, Weiskopf in Wallerstein, Wetzlar in Gudensberg, Wißmann in Schwabach u. A.

Diesen Gutachten von 400 zeitgenössischen Rabbinen füge ich noch das Gutachten eines Mannes ז״ל hinzu, des Größten unter allen im zeitgenössischen Andenken lebenden Größen, des Mannes mit dem hellen Auge, mit dem milden Sinn, mit dem scharfen Geist, mit dem umfassendsten Wissen, mit dem geradesten Urtheil, des Mannes, vor dessen Namen Sie sund ich und die vierhundert wie alle lebenden Rabbinen tief und willig ihr Haupt neigen und den als Autorität anzuerkennen, auch wohl endlich der Führer der hiesigen Austrittsgegner sich nicht länger weigern wird, das Gutachten des חתם סופר, den wahrlich nicht als Floskel die jüdische Welt: רבן של כל בני הגולה, den „Lehrer der ganzen Judenheit" nennt.

Es war in den Jahren 1818 und 1819, als mit Errichtung des Tempels der Reform in meiner Vaterstadt der Grundstein zu allen künftigen liturgischen Reformen im Gottesdienste gelegt wurde. Das damalige Hamburger Rabbinat erklärte diese Reform als gesetzwidrig und als כפירה בעיקרי הדת, und jede Betheiligung daran als entschieden אסור. Von den größten der damals lebenden rabbinischen Autoritäten eingeholte und im ס' דברי הברית gesammelte Gutachten sprachen sich einstimmig in demselben Sinne aus. Darunter auch besonders ausführlich der Oberrabbiner zu Preßburg, eben der Verfasser des חתם סופר ז״ל. Nach den damaligen Verhältnissen konnte in diesen Gutachten nur die Reform selbst und die Betheiligung an ihr zur Sprache kommen, von einer religionsgemeindlichen Trennung, die nach den staatlichen Gesetzen nicht zulässig war, konnte für die Praxis überall keine Rede sein. Allein in dem vor Kurzem erschienenen ש״ו חלק des חתם סופר ist am Ende der פ״ט תשובה uns auch die maßgebende Ansicht dieses זצ״ל רבן של כל בני הגולה über das religionsgemeindliche Zusammenbleiben der Gesetzestreuen mit den Anhängern der Reform aufbewahrt, die also lautet: ואלו היה דינם מסור בידינו היתה דעתי להפרישם מעל גבולינו לא יתן; שכנותינו לבניהם ובבניהן לבנותינו כי היכי דלא ליהי לאמשוכי בתרייהו ויהיה עדתם כעדה צרוק וביסום ענן ושאול אינהו בדידהו ואנן בדידן. כל זה נראה לי לחלכה ולא למעשה מבלי רשיח הרומנא דמלכא יר״ה זולת זה יהיו דברי בטלים ובלי חשיבי. Zu Deutsch: „Läge es in unseren Händen eine praktische Entscheidung über sie zu treffen und auszuführen, so wäre meine Ansicht eine völlige Scheidung zwischen ihnen und uns eintreten zu lassen, daß unsere Kinder sich nicht mit ihren Kindern verheirathen, damit sie nicht ihnen nachzufolgen verleitet werden, und daß ihr gemeindlicher Anhang wie der gemeindliche Anhang des צדוק ובייתוס ענן ושאול (der Sadducäer und Karäer) werde, sie für sich und wir für uns. Alles dies ist meine Meinung für die Theorie, aber nicht für die Praxis ohne staatliche Erlaubniß. Ohne diese mögen meine Worte kraftlos und wie nichtgesprochen bleiben."

Diese רשיה והורמנא דמלכא, diese staatliche Erlaubniß ist aber nunmehr mit dem Austrittsgesetz vom 28. Juli 1876 gegeben, es tritt damit die;e Entscheidung, welche החם סופר für seine Zeit nur theoretisch aussprechen konnte, in vollste praktische Geltung und **fällt daher diese Entscheidung mit dem ganzen Gewicht einer so großen rabbinischen Autorität für die Austrittspflicht in die Schaale.**

Auf Grund der von mir in meinem offenen Briefe und in dieser Schrift wiederholt dargelegten, **in keiner Weise durch Ihre offene Antwort entkräfteten Beweise;**

mehr noch auf Grund des von Ihnen zusammen mit nahezu vierhundert Rabbinen abgegebenen, und von Herrn Rabbiner Spitzer in das rechte Licht gesetzten Gutachtens, und des damit zusammenstimmenden, so autoritativen Ausspruchs des החם סופר, dieses רבן של כל בני הגולה באמה:

wiederhole ich daher entschieden und ernst meinen איסור **des Nichtaustritts, wiederhole die Worte, die ich am 25. Januar d. J.** am Schlusse meiner „Beleuchtung" gesprochen:

für den aufrichtigen, seiner Pflicht bewußten gesetzestreuen Juden giebt es nur Einen von Issur freien Weg: den Austritt aus der Gemeinde nach dem Gesetze vom 28. Juli 1876. Wer seine gesetzestreuen Brüder zu etwas Anderem beredet, der ist Schogeg Umaschgeh, der geht irre und führt irre;

und will es nun abwarten, ob Sie, Herr Rabbiner, im Angesichte dieser Gutachten noch den Muth haben zu den Mitgliedern meiner Gemeinde zu sprechen: euer Rabbiner hat euch den Austritt als Pflicht, den Nichtaustritt als אסור erklärt, Ich und mit mir nahezu 400 Rabbinen haben vor fünf Jahren dasselbe entschieden, החם סופר, die größte rabbinische Autorität hat vor 60 Jahren sich ebenfalls für den Austritt, der aber damals staatlich nicht möglich war, ausgesprochen: ich erkläre euch dennoch, in Widerspruch mit mir selber und mit allen diesen Autoritäten: der Austritt ist nicht geboten und der Nichtaustritt ist מותר!

Das will ich abwarten. Bis dahin erkläre ich aber die Akten für ge=
schlossen, den Proceß für den Austritt gewonnen.

Zu den Mitgliedern meiner Gemeinde י׳ע׳א, die mir ihre Gesetzestreue
und ihr Pflichtbewußtsein in einer so langen Reihe von Jahren treuen Zu=
sammenwirkens und Strebens bewährt, in welchem sie sich zu einer wahren עיר
ואם בישראל herangebildet, auf welche in weiten jüdischen Kreisen jede ächtjüdische
Brust mit Ermuthigung und Nacheiferung weckender Anerkennung blickt, zu
ihnen Allen hege ich die Zuversicht, sie werden Das nicht in erschütterter Ge=
setzes= und Pflichttreue enden, und ח״ו zwiespältig zusammenbrechen lassen wollen,
was nur in einheitlicher, jede Probe bestehender Pflichttreue unter Gottes
Beistand erbaut werden konnte. Wo bliebe aber alle Gesetzes-Treue, wenn
der einmüthige Ausspruch von vierhundert Gesetzeslehrern, wenn auch die An=
sicht eines ההם סופר nichts mehr gelten sollte, wenn wir Das, was vierhundert
Gesetzeslehrer für אסור erklärt haben, keinen Anstand nehmen würden, auch ferner
noch als מותר zu behandeln! Woran sollen einst unsere Kinder sich halten,
welches Beispiel wollen wir ihnen hinterlassen, was soll ihnen, was soll uns,
was soll überhaupt in jüdischen Kreisen für jüdische Gewissen über Recht und
Unrecht, über אסור und מותר entscheiden, wenn selbst der איסור=Ausspruch von
vierhundert Rabbinen an unseren Gewissen wie ein tauber nichtssagender
Schall vorüber gehen könnte!

Darum hege ich zu ihnen Allen das Vertrauen, es werde, selbst wenn
Sie den traurigen Muth haben sollten, auch jetzt noch, Ihrem eigenen mit ca.
400 Rabbinen vereinten Ausspruch entgegen, Ihre היתר=Erklärung aufrecht zu
halten, diese Ihre nun geänderte Einzel=Meinung einer solchen Majorität von
הכמי ישראל gegenüber für meine Gemeinde בטל und bedeutungslos bleiben.

*　*　*

Damit hätte ich denn für jetzt mein Pensum gelöst, und könnte die nur
widerstrebend und mit peinlichem Schmerzgefühl geführte Feder für jetzt in die=
ser Angelegenheit niederlegen, wenn ich nicht noch zwei Dinge auf dem Herzen
hätte, denen ich den Ausdruck nicht versagen kann.

Das Eine betrifft die etwaigen Weiterverhandlungen in dieser Frage, so
weit sie meine Betheiligung in Anspruch nehmen sollten. Aus persönlichem und
sachlichem Grunde sehe ich mich verpflichtet, diese etwaigen Weiterverhandlungen
auf das Wesentlichste und Nothwendigste zu beschränken.

Meine Gesundheit ist geschwächt, meine Kräfte reichen nicht aus, ich habe
auch diese Schrift nur mit Anstrengung und wiederholten Erholungspausen

schreiben können. Ich muß daher mit dem bischen Kraft, das Gott mir noch verleihen möge, haushalten und sie für das Nöthige ersparen.

Ich erkläre daher zuerst, ich habe es nur mit Ihnen, Herr Rabbiner, zu thun. Sie sind ganz unprovocirt gegen mich und meine Entscheidung in meiner Gemeinde aufgetreten, haben dieser Ihrer Gegenentscheidung eine Kundmachung in größter Oeffentlichkeit gegeben. Ihnen mußte ich und muß ich auch noch eventuell entgegentreten, mit Ihnen bin ich engagirt. In meinem Kampf mit dem Herrn Frankel hielt dieser sich völlig schweigend im Hintergrund und begnügte sich dafür ein Dutzend Hörer und Freunde auf mich zu hetzen, mit denen ich den Strauß aufnahm und bestand. Damals war ich noch jünger und kräftiger. Das gedenke ich jetzt nicht zu thun.

Ich darf ferner dieser Frage von so unendlicher Tragweite für die jüdische Zukunft in den Augen von Unkundigen nicht den Anschein geben lassen, als unterliege sie einem großen שקלא וטריא, einer großen weitläufigen Discussion, über die man vielfach getheilter Meinung sein könne, als bliebe sie eine unentschiedene. Nun haben Sie in Ihrer offenen Antwort die Taktik beobachtet, eine eigentliche, auf angeblich wissenschaftliche Belege sich stützende Polemik nur gegen völlig Nebensächliches zu richten. Gegen den eigentlichen Kern der Frage wußten Sie nur mit einigen hohlen Phrasen vorzugehen, die Sie als selbstverständlich erklärten und nur mit einer השגת הראב"ד und einer תשובת מהרי"ל des Anstandes willen ausstatteten, ohne daß diese das Mindeste zur Stütze Ihrer Behauptung vermochten. Dieser Kern der Frage, der einzige Punkt, der uns noch scheidet, ist ja ausschließlich nur das: Sie haben völlig zugegeben, daß ohne die zugestandene Errichtung von orthodoxen Anstalten für die Orthodoxen der Austritt aus der Reformgemeinde für jeden gesetzestreuen Israeliten eine gebieterische Pflicht sei. Das ist also außer Frage, und darauf haben wir nicht wieder zurückzukommen.

Allein Sie behaupten, durch die zugestandene Errichtung von orthodoxen Anstalten für Orthodoxe, habe der Austritt aufgehört Pflicht zu sein, und sei der Nichtaustritt religiös gestattet. Das ist der allereinzige Punkt, der in Frage stand, und dessen Beweis Ihnen oblag. Ich habe Ihnen nun das wissenschaftlich Verkehrte und das sachlich Absurde dieses Ihres Argumentes nachgewiesen, habe Ihnen sodann gezeigt, wie diese Behauptung auch bereits durch Ihr eignes von Ihnen und nahezu 400 Rabbinen abgegebenes Wiener Gutachten völlig widerlegt und abgethan ist. Sollten Sie gleichwohl auf diesen Punkt noch wieder zurückkommen wollen, und nicht mit Phrasen, sondern mit Beweisen aus ש"ס und פוסקים dieses gegen Sie aussagende Wiener Gutachten entkräften wollen, so bin ich bereit, darüber Ihnen auch ferner noch Rede zu

stehen. Alles Andere gebe ich völlig preis. Ob Sie oder ich in all de
herigen Verhandlungen unser bischen Wissen bewährt oder nicht b
das stelle ich völlig resignirt der sachkundigen Mit= und Nachwelt
dung anheim und acceptire im vornhinein ein jedes Urtheil. D
ich keine Lanze. Wir beide, Herr Rabbiner, Sie und ich, unsere bei..rseitige
Persönlichkeiten sind der bedeutungsvollen Größe der Frage gegenüber völli
Nullen. Diese Frage an sich aber und was ihren sachlichen Kern berührt, da
darf nicht unentschieden bleiben, und dafür, aber auch dafür allein in i
Ihnen gegenüber, so lange Gott Bewußtsein und Kraft verleiht, jederzeit berei

* * *

Und nun schließlich noch ein inniges, ernstes Wort an Sie, Herr Ra
biner. Ihr ganzes Vorgehen gegen mich und meine Gemeinde, sowie insbeso
dere Form und Inhalt Ihrer offenen Antwort verleugnet so ganz und ge
Ihre ganze Vergangenheit, bildet eine so unbegreifliche Episode in Ihre
Leben, daß ich fest überzeugt bin, Ihre Verwandten, Freunde, Schüler und Ve
ehrer, Ihre eignen Angehörigen kennen Sie in dieser Angelegenheit nicht wiede
und vermissen darin den Mann ganz und gar, dem sie sonst wegen seiner G
lehrsamkeit und seines nur dem jüdischen Wahren und Guten zugewandten
kens und Auftretens, den Tribut der Hochachtung und Verehrung ent
bringen gewohnt waren. Ich bin überzeugt, sie Alle wünschten die vö
gung dieser Episode aus Ihrem Leben, und um unserer heiligen Sach
der Sie einen nicht genug zu beklagenden Bruch beigebracht, schließt S
noch einen Funken von Gefühl für unser großes Gesammtanliegen hat,
Brust sich diesem Wunsche an. Gestatten Sie mir der Dolmetsch b
sches zu sein. Nicht um meinetwillen und nicht um Ihretwillen, um
heiligen Sache der jüdischen Wahrheit und Klarheit willen, die durch
hen und Schreiben so bitterbös gelitten, bitte ich Sie mit aller herzli
deren ich nur fähig bin, umwandeln Sie diese traurig trübe Epi
hellen Glanz= und Ehrenpunkt Ihres Lebens, zeigen Sie unseren jüngern Genoss
was יראת ה' ואהבה האמת über einen wahren, rechten jüdischen Mann verm
und, wenn — wie ich mir es gar nicht anders denken kann — sich Ihnen
Ueberzeugung aufdringt, daß Sie geirrt, daß Ihr ganzes Vorgehen in die
Sache auf Irrthum beruht, geben Sie Gott und der Wahrheit die Ehre u
sprechen Sie offen, einfach und unverklausulirt das große, den Mann u
Menschen und Jehudi ehrende Wort aus: ich habe mich geirrt,
שאמרה טעיה הם בידי! Denken Sie, Sie wären eine der größten aller jüdisch

Größen, wären ein Schammai oder Hillel, und ich wäre der Winzigſte aller jüdiſchen [...], [...] re der geringſte Handwerker vom Schutt-Thor der Stadt, גרדי מצער verleihen. [...] nicht והלל zweien שבירושלים גרדים משער האשפות gegenüber ihre [...]ene Anſicht aufgegeben und iſt uns dies nicht zum ewigen Muſter ללמד לדורות הבאים שלא יהא אדם עומד על דבריו שהרי אבוה העולם לא עמדו [...] על דב'!

Um wie vieles beſſer wäre es für Sie und die Sache geweſen, Sie [...]n bereits meine am Schluſſe meines offenen Briefes ausgeſprochene Zuver=ſicht gerechtfertigt, und hätten bereits es ausgeſprochen, Sie hätten geirrt. Da= zu, zu ſagen, Sie hätten geirrt, zu dieſem Sie ehrenden Worte haben Sie Sich nicht entſchließen können, und haben dafür, das minder Ehrende, durch Ihre offene Antwort g e z e i g t, daß Sie geirrt und haben Sich dabei in das arge Dilemma gebracht, Einmal jedenfalls geirrt haben zu müſſen. Sie ſtehen ja im Wider= ſpruch mit Sich ſelbſt. Ihr F r a n k f u r t e r Spruch oder Ihr W i e n e r Gut= achten, Eins von Beiden war ja nothwendig ein Irrthum!

Wollen Sie daher nicht weiter in der ſchiefen Stellung, in welche Sie Gott weiß durch welchen Anlaß gerathen, verharren und die verderblichen Wir= kungen Ihres irrthümlichen Vorgehens in jüdiſchen Kreiſen nicht weiter greifen laſſen. Sie haben in ihrer „väterlichen" Ermahnung wie ich hätte verfahren ſollen S. 7 mir mit dem מודים דרבנן היינו שבחייהו ein ſolches Irrthum-Geſtänd= niß als etwas „höchſt Rühmliches" und die Unterordnung einer von ihm ge= hegten Anſicht unter die überzeugende Wahrheit als das „Merkmal eines wahren Weiſen" gerühmt, der מודה על האמת. Was Sie mir „väterlich" hypothetiſch gezeigt, das gebe ich Ihnen poſitiv in collegialiſcher Schätzung zurück. Zeigen Sie Sich als einen ſolchen wahren Weiſen, machen Sie mit einem einfachen offe= nen טעיתי einen Strich durch dieſe Sie, Ihre Freunde und die Sache kränkende Epiſode Ihres Lebens, bringen Sie mit dieſem einzigen kleinen Worte Sich wieder in die reine wahre frühere Stellung des Herrn Diſtriktsrabbiner B a m b e r g e r, und d o p p e l t e H o c h a c h t u n g und W e r t h ſ c h ä t z u n g werden Ihnen dann Alle und unter dieſen ſicherlich nicht als der Letzte zuwenden

E u e r   E h r w ü r d e n

e r g e b e n ſ t e r

Hirſch.

Druck von H. L. Brönner's Druckerei in Frankfurt a. M.